TOUT LE MONDE EN PARLE

———————

L'ENVERS DU DÉCOR

Catalogage avant publication de Bibliothèque et Archives nationales du Québec
et Bibliothèque et Archives Canada

Laniel, Carole-Andrée, 1961-

    L'envers du décor : Tout le monde en parle
    Comprend un index.
    ISBN 978-2-89705-274-4
    1. Tout le monde en parle (Émission de télévision).
    2. Émissions d'intérêt public télévisées - Québec (Province). I. Titre.

PN1992.77.T68L36 2014   791.45'72 C2014-941850-7

Présidente Caroline Jamet
Directeur de l'édition et éditeur délégué du livre Éric Fourlanty
Directrice de la commercialisation Sandrine Donkers
Responsable, gestion de la production Carla Menza
Communications Marie-Pierre Hamel

Conception graphique et mise en page Simon L'Archevêque
Collaboration spéciale Philippe Tardif
Photos de la couverture et de l'auteure Karine Dufour
Révision linguistique Isabelle Dowd
Correction d'épreuves Christine Dumazet

Collaborateurs au projet France Faucher, Monic Lamoureux, Jacques K. Primeau, Guylaine Boisjoli, Sébastien Ouimet, Sylvie Marchesseault, Anita Barsetti, Marylène Dubois, Patrick Bourbeau et Elisabeth Roy

L'éditeur remercie le gouvernement du Québec de l'aide financière accordée à l'édition de cet ouvrage par l'entremise du Programme de crédit d'impôt pour l'édition de livres, administré par la SODEC.

Nous reconnaissons l'aide financière du gouvernement du Canada par l'entremise du Fonds du livre du Canada (FLC).

Nous remercions le Conseil des arts du Canada de l'aide accordée à notre programme de publication.

L'éditeur bénéficie du soutien de la Société de développement des entreprises culturelles du Québec (SODEC) pour son programme d'édition et pour ses activités de promotion.

© Les Éditions La Presse
TOUS DROITS RÉSERVÉS
Dépôt légal – 4ᵉ trimestre 2014
ISBN 978-2-89705-274-4
Imprimé et relié au Canada

LES ÉDITIONS **LA PRESSE**
Les Éditions La Presse
7, rue Saint-Jacques
Montréal (Québec)
H2Y 1K9

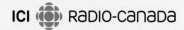  

TOUT LE MONDE EN PARLE

———

L'ENVERS DU DÉCOR

———

CAROLE-ANDRÉE LANIEL

Avec la participation de Guy A. Lepage,
Dany Turcotte et André Ducharme

Préface de
DANY LAFERRIÈRE

LES ÉDITIONS **LA PRESSE**

LE ROMAN DE LA PAROLE

PRÉFACE DE DANY LAFERRIÈRE, DE L'ACADÉMIE FRANÇAISE

LA CUISINE

Depuis dix ans, le grand récit populaire est devenu au Québec un art du dimanche soir. Un art oral qui rappelle ces contrées du monde où l'écrit est encore inconnu. Ainsi, ce roman qui se joue en direct devant des lecteurs avides est longuement préparé par une petite armée de cuisiniers rusés qui confondent l'art du récit avec celui de la gastronomie. Ces diablotins ne cessent de mélanger les épices pour arriver à ce repas qu'ils proposent à un public d'affamés qui entendent rester longtemps à table. Des gens pour qui la vie est un buffet chinois où les plats se succèdent à une folle vitesse. La chorégraphie de ce repas est minutieusement agencée. Les plats se suivent, mais ne se ressemblent pas, sans trop s'éloigner cependant du goût commun. On cherche à étonner le palais de ces gourmets intraitables qui ne cessent de donner leur verdict au fil du repas. Comment les garder en haleine ? À chaque nouveau plat, on espère à la cuisine ce moment de silence qui dit, à sa présentation, l'étonnement et le ravissement d'un public attentif. Ce n'est pas aisé de garder l'attention de ces gens invités à tant d'agapes — un monde en overdose d'images. Le Maître de cérémonie, qu'on pourrait confondre avec un narrateur, pose la première question, et on entend tout de suite le crépitement des appareils électroniques qui envoient déjà les premières impressions dans la blogosphère. Le public dépèce à belles dents ce filet si mignon qu'il garde son sourire même sous la douleur.

LE THÉÂTRE

Mais éloignons-nous de cette cuisine survoltée pour retrouver au salon le Maître impassible dans un costume sombre bien lustré, et ce malin sourire qui semble dire qu'il est seul maître à bord. Il se tient droit, cérémonieux, avec, à sa gauche, un second personnage vif et imprévisible qui, lui, se moque de lui-même, comme des autres. C'est un récit à deux voix qui comprend un personnage principal par qui passent les idées du moment et un personnage secondaire dont le rôle est d'empêcher à l'histoire de sombrer dans la pesanteur. C'est là une des plus vieilles ficelles de la narration. Nombre de romans comptent ainsi deux personnages, l'un sérieux, l'autre drôle, et souvent, ça fonctionne. Pas aussi facile à mettre en scène que ça en a l'air. Ce n'est pas toujours aisé de marcher quand une jambe est plus longue que l'autre. Ces deux personnages doivent veiller à intervertir les rôles de temps à autre. Il leur faut donc un sens théâtral. Brusquement, au moment où l'on s'y attend le moins, le Bouffon devient plus grave que le Maître et pose la question qui tue. Ce qui exige entre eux une certaine complicité. Ils viennent tous les deux du milieu du divertissement, et connaissent à fond l'art de l'improvisation. Mais chacun son rôle, car le Maître doit avoir plus souvent le dernier mot, même quand c'est le Bouffon qui fait rire. Cette comédie est essentielle à la qualité du spectacle.

L'ENTRÉE EN PISTE

C'est un vaste roman avec, après une décennie d'écriture, des centaines de personnages. Certains passent en comète pour mourir à l'horizon. D'autres reviennent plusieurs fois, encore étourdis par les précédentes ovations. Pourtant, la guillotine tombe avec une terrifiante régularité. Mais il arrive aussi, et plus souvent qu'on ne le croit, que le figurant soit propulsé dans la stratosphère. Si c'est un musicien, son producteur s'égosille déjà au téléphone pour faire ajouter des soirées supplémentaires à son spectacle. Dans le cas d'un écrivain, son nouveau livre se retrouve instantanément en vitrine et sur les tables en avant de la librairie. Une comédienne fait salle comble et un cinéaste fait chanter la caisse enregistreuse. Mais personne ne peut dire sur qui la chance va tomber. C'est un jeu à grand risque. La question angoissante : comment faut-il se préparer à entrer dans un roman dont les bras innombrables ne cessent de vous embrasser jusqu'à parfois vous étouffer ? Contrairement à toutes ces émissions où des recherchistes anxieux vous appellent pour des « préentrevues » qui ne feront qu'affadir le plat, on se contente ici de vous convoquer. La voix subitement rauque de votre attachée de presse, cette fois, ne vous demande pas votre avis, ni si vous avez un autre rendez-vous, mais vous dit simplement : « *Tout le monde en parle…* ». Les mots magiques. Et la terreur verte qui suit. Une sorte de fièvre s'empare de vous. On veut tout de suite savoir qui sont les autres élus. Il arrive souvent qu'on ne connaisse pas tous les personnages du feuilleton, et c'est aussi un des charmes de cette chronique qui joue sur le *glamour* autant que sur l'ordinaire. De plus, on ignore la trame du récit. On se demande : quel effet cherche-t-on à avoir pour mettre un chef de parti politique habitué aux caméras à côté de cette jeune romancière déjà humide à force de timidité ? Et pourquoi cet homme d'affaires influent se retrouve-t-il dans la même barque qu'un boxeur étonnant de pudeur ? Et ce philosophe pas loin d'une prostituée ? Le mélange des genres est hautement pratiqué ici. À la cuisine même, on semble ignorer comment sera la sauce, car il manque une épice essentielle : le public.

AU SALON

Ce n'est plus un salon, c'est un terrain de guerre où les belligérants se placent suivant des règles strictes. Le grand fauteuil est occupé par les seigneurs de la maison. Les autres s'assoient sur des chaises droites. La bière du hockey est exclue, car, même si on n'est pas loin parfois de l'arène romaine, il s'agit de culture. De culture dans le sens de *L'Almanach du peuple*. C'est qu'on y trouve de tout. Du raffiné comme du vulgaire. Tout ce qui fait vibrer notre époque. Ce n'est pas souvent qu'on repère devant la télé pour « un *show* de chaises » autant de femmes que d'hommes, et de jeunes que de vieux. Un téléphone noir ancien par terre à côté d'un verre de whisky plein à ras bord (on reste même pour la pub). Des cellulaires qui ne cessent de vibrer sur la petite table, tandis que les nouveaux appareils électroniques clignotent à tue-tête. On communique de toutes les manières possibles. Participation collective. On touche à la culture du moment, et c'est aussi un moment de culture. Un bulldozer qui rase sur son passage toutes les définitions étriquées de la culture. Sur le petit écran plaqué au mur : des personnages en train de discuter, parler, rire, pleurer, baisser la tête, hausser le col, boire, hurler, murmurer. Tout ça se répercute dans le salon des gens avec une force inouïe. Ceux qui sont sur le petit écran, même emportés par le fort courant du récit qu'ils ont eux-mêmes tissé, savent qu'ils ne sont pas seuls dans ce roman. L'œil collectif les observe. Est-ce pourquoi on remarque ces visages subitement graves ? C'est celui d'un politicien qui vient de déraper et qui sait que cela coûtera cher. Ou d'une jeune comédienne dont une révélation intime vient de montrer un nouveau visage d'elle. C'est qu'on se laisse emporter par le flot d'un verbe haut. La musique des voix, le doux murmure des confidences, un éclat, ce ton triste, des accents forts, une joie subite, des rires en cascade, un silence : le vrai chant du monde. Même ceux qui connaissent à fond les règles du jeu ne maîtrisent pas tout, surtout la sensibilité d'un public qui sait réagir à contre-courant. Cet homme bouleversé d'avoir commis une faute grave sera pardonné pour s'être montré humain dans sa faiblesse. Cet autre qui semble tout maîtriser (la voix, le ton, le sujet) ne touchera personne, car on craint de plus en plus ces mécaniques qui s'éloignent de la tendresse. C'est là que le public a vu ce « bon Jack » dont on ne savait pas encore qu'il était mortellement atteint. Si les personnages semblent parfois trop conscients d'eux-mêmes à l'écran, c'est différent au salon, où les émotions circulent en toute intimité. La première version du roman terminée, on le laisse reposer une bonne nuit avant le montage — l'écriture proprement dite, qui dure des jours. Chaque réplique est soupesée. On écarte les moments où les gens n'hésitent pas à se rouler dans la vase dans le seul but de garder l'attention sur eux. Car il faut dénicher sous cette montagne de mots et de gestes un récit assez puissant pour tenir en haleine tant de gens, et assez souple pour toucher tant de sensibilités différentes. Puis, la diffusion le dimanche soir suivant, et le million de paires d'yeux qui absorbent chaque mouvement et de paires d'oreilles qui captent le moindre murmure. Un geste banal en gros plan révèle beaucoup plus qu'une tirade.

LE LENDEMAIN

Bien avant la fin de l'émission, on a un avant-goût de ce qui nous attend. Si les courriels arrivent avec des commentaires mitigés, ce n'est pas forcément ce qu'on lit sur le Net, où on ne prend pas de gants avec notre sensibilité. Après trois charges violentes, on éteint tout et on s'endort. On passe la nuit à se retourner dans le lit, se demandant ce qu'on a raté. Repassant les répliques dans notre tête. Pourquoi n'a-t-on pas vu cette flèche que notre voisin a reçue en plein cœur ? Et surtout, pourquoi toutes les attaques contre nous ont-elles été gardées et pas celles contre les autres ? À force de refaire le montage de l'émission dans notre tête, on finit par s'endormir. Mais le lendemain, au réveil, tout a changé. Les appels téléphoniques sont sonores et joyeux, et ils viennent de gens qu'on a perdus de vue depuis un moment. Requinqué, on sort faire un tour dans le quartier, où on est reçu avec des vivats, même par le boucher, d'ordinaire si bougon. Au bureau de poste, on nous sourit. À la banque, le directeur vient lui-même nous serrer la main et nous raconter en détail son dimanche soir. Pour une fois, on ne fait pas trop attention aux commentaires de la presse, dont les tirages ne font pas le poids. C'est bien vrai : tout le monde en parle. Déjà, les petits marmitons s'activent à la cuisine à la préparation du prochain roman.

Dany Laferrière
de l'Académie française

SECRETS DE FABRICATION

TOUT LE MONDE EN PARLE, C'EST…

À PARIS

un concepteur, producteur et animateur.

À MONTRÉAL

un télédiffuseur-producteur et trois producteurs.

DANS LE STUDIO 42

une assistante de production, deux régisseurs, un animateur de foule, huit caméramans (mais dix caméras), deux équipes de CCM (costume, coiffure et maquillage), une photographe de plateau, un chef machiniste et ses machinistes, un télésouffleur, deux perchistes, un sonorisateur de salle et un bruiteur, un technicien aux projecteurs robotisés, des assistants-techniciens, une conseillère juridique et une centaine de spectateurs.

AU BUREAU 736

un animateur-producteur, un fou du roi, un producteur délégué et directeur de production, un script-éditeur, une rédactrice en chef, cinq recherchistes et complices à la création, une documentaliste, une coordonnatrice de production et une secrétaire de production.

DANS LA RÉGIE DU STUDIO 42

Luc Wiseman

Le producteur d'Avanti Ciné Vidéo, Luc Wiseman, une chef de contenu, émissions culture, variétés et société de Radio-Canada, une réalisatrice, une assistante à la réalisation, un coordonnateur aux communications, un directeur technique, un éclairagiste, un technicien à la magnétoscopie et un autre au son, deux au contrôle d'images et deux à l'aiguillage.

DANS LES SALLES DE MONTAGE

une réalisatrice postproduction et une assistante, trois monteurs vidéo et un assistant, un monteur sonore, un mixeur, deux sous-titreurs, cinq opératrices de traitement de texte, un designer de l'habillage graphique et, bien sûr, un animateur-producteur qui détermine le contenu de l'émission.

QUAND ON VOUS DIT QU'UNE ÉMISSION DE TÉLÉVISION, C'EST UN TRAVAIL D'ÉQUIPE, CE N'EST PAS UNE FIGURE DE STYLE !

GUY

– En passant, ceux qui nous écrivent des lettres interminables pour nous dire qu'ils détestent *Tout le monde en parle* et que ç'a pas d'allure parce qu'on paye ça avec nos taxes... TLMEP coûte 24 sous par année par contribuable. Alors, je vais laisser à l'entrée de Radio-Canada un pot de 25 ¢ et vous vous rembourserez vous-mêmes, ça va peut-être vous déchoquer de ce qu'on fait avec vos taxes ! Vous pouvez aussi changer de poste, ça fait faire de l'exercice.

GUY : « Le pot est resté là plusieurs semaines. Il y avait 50 $ dedans au départ. Une cinquantaine de personnes sont venues réclamer leurs 25 ¢ pour protester contre cette émission. D'autres sont venues donner 25 ¢ en signe de solidarité. À la fin de l'année, il y avait 75 $ dans le pot. »

LA NAISSANCE
DE TLMEP

La première fois que Mario Clément a vu le *Tout le monde en parle* français, il en est devenu *fan*. L'ex-directeur général des programmes à Télé-Québec, puis à Radio-Canada, s'est alors juré qu'un jour, il ferait ce *talk-show* composé d'un « mélange d'humour, d'érudition, de pertinence et de désinvolture » au Québec. « J'aime les plateaux où on discute, dit aujourd'hui monsieur Clément. J'aime la vitalité des plateaux français. On y débat de tellement de choses. La vie intellectuelle fait partie du quotidien des Français. En Amérique, on n'est pas comme ça du tout. »

Pour arriver à ses fins, Mario Clément misait sur la force de notre star-système et sur le constant renouvellement de l'actualité. Dès le début, il a vu en Guy A. Lepage celui qui était le plus susceptible de transposer l'esprit et l'insolence de Thierry Ardisson. « Ça prenait quelqu'un avec ce sens de l'humour là, quelqu'un d'intelligent. Tout de suite, pour moi, ç'a été Guy, à cause de *Besoin d'amour* [*talk-show* animé par Guy, à TQS, de 1995 à 1996]. Tout le monde a dit que c'était un *flop*, sauf qu'avec cette émission, il nous a montré qu'il pouvait être généreux, à l'écoute et qu'il s'intéressait naturellement aux autres. »

GUY : « Je venais de recevoir le prix Gémeaux Hommage pour l'ensemble de ma carrière à la télé. À 43 ans ! Étrangement, ça m'a tétanisé. C'est comme si on m'indiquait la porte de sortie avec tous les honneurs. J'ai dit à mon agent : "Il faut s'éloigner de la télé pour un bout de temps !" N'importe quoi d'autre, cinéma, théâtre, mime, mais pas de la télé.

J'ai quand même rencontré Mario Clément, et son offre m'a surpris et flatté. Il voulait que j'anime TLMEP, alors que je croyais qu'il aurait voulu que je sois le fou du roi. On a même fait quelques hypothèses d'invités, mais je ne voulais pas faire de télé. Je m'étais engagé pour un film auquel je voulais me consacrer entièrement, car je devais y jouer et le coréaliser. Cependant, j'avais dit à Mario

Clément que je croyais en cette émission au Québec et que j'accepterais avec plaisir de faire le pilote et la première émission comme invité. Stéphane Laporte m'avait dit que j'aurais dû accepter...

Quand Dominique Chaloult, nouvelle directrice des émissions de culture et variétés à Radio-Canada, m'a relancé quelques mois plus tard, j'attendais la réponse pour le financement d'un long métrage, qui prendra huit ans à se réaliser : *Bo$$é inc.* ! Je l'ai rencontrée, et l'entente a été signée la journée même. »

Dans les jours qui suivent, Guy appelle Guillaume Lespérance, avec qui il avait travaillé sur *Un gars, une fille*. « Guy m'a dit qu'il cherchait un producteur pour son *talk-show*, se souvient Guillaume Lespérance. Je lui ai répondu : "Moi, les *shows* de studio, ça ne m'intéresse pas." Le lendemain, il m'a rappelé en me disant qu'Ardisson nous attendait à Paris, et qu'après le voyage, je pourrais toujours refuser son offre. Dix ans plus tard, ce voyage est encore un des beaux souvenirs de ma carrière. »

De son côté de l'Atlantique, Thierry Ardisson a été surpris par l'offre d'adaptation de la télé québécoise. « La plupart des *talk-shows* dans le monde sont des *one on one* façon Letterman, et j'étais à cent lieues de penser que des gens du continent nord-américain auraient envie d'un *talk-show* à la française avec des invités hétéroclites autour de la table tel que je l'avais popularisé. Quand j'ai su que l'animateur allait être le mec qui a inventé *Un gars, une fille*, j'ai cessé de m'inquiéter. Guy A. Lepage est un vrai talent ! J'ai eu de la chance que ce soit lui. »

Pendant ce temps, Jean Guimond, chef de contenu des émissions de culture et variétés à Radio-Canada, m'offre le poste de rédactrice en chef, mais refuse de me dévoiler l'identité du futur animateur de TLMEP ! C'est classé *top secret* par Radio-Canada. Je dois patienter 24 heures, soit jusqu'à la conférence de presse, pour connaître enfin son identité. Guy A. Lepage? J'ai dit oui sans hésiter une seule seconde. On avait pensé à moi parce que j'avais longtemps travaillé avec Christiane Charette à la télé et que nous pratiquions déjà l'art du plateau télé. Guy et moi nous sommes rencontrés dès le lendemain matin. Je croyais passer une entrevue, mais Guy avait déjà pour moi une liste d'invités potentiels et de choses à faire. C'est donc en notant toutes ses idées que j'ai su que je serais la rédactrice en chef de ce projet emballant. J'ai encore cette liste quelque part.

L'équipe s'envole – sans moi! – pour la Ville lumière, trois mois seulement avant la première prévue du TLMEP *made in* Québec. À bord de l'avion: Guy, Guillaume, Dominique Chaloult, Jean Guimond et Jacques K. Primeau, l'agent de Guy depuis l'époque de RBO. «On n'a pas eu le temps de faire du tourisme là-bas, se souvient ce dernier. On est allés directement au studio et on a eu une brève rencontre avec Thierry Ardisson, avant l'enregistrement de son émission. On avait

une connaissance de ce *show*-là parce qu'on le regardait sur TV5, mais là, on a tout observé de près: l'éclairage, la disposition des caméras et du public, le décor, les cartons, etc. Il y a dans ce format une façon de créer de la magie en studio.»

«Le plateau était impressionnant, raconte Guillaume Lespérance. La productrice passait son temps à crier en régie. En 48 heures, j'ai vu deux personnes se faire congédier. On est très loin de notre façon de faire!» Jacques K. Primeau se souvient de la productrice qui donnait ses directives directement dans l'oreillette d'Ardisson. «Elle disait des choses comme "Qu'est-ce tu fous? Tu t'en vas nulle part avec ça!"»

Qu'est-ce qui vous a séduits? «L'interaction sur le plateau et la possibilité d'avoir de la profondeur grâce à la longueur des entrevues, explique Jacques K. Primeau.»

Si l'équipe montréalaise a, ce jour-là, compris beaucoup de choses sur la création d'Ardisson, elle a aussi très vite réalisé que le ton ne serait pas

le même, en particulier celui du fou du roi. Et qu'il n'y aurait ni *poupounes* qui dansent ni pseudo-*quiz* en fin d'émission. « Ardisson ne comprenait pas qu'on laisse tomber ce segment-là ! », confie Jacques K. Primeau. Pour Ardisson, toutes les particularités de son émission devaient survivre à l'adaptation. « On a fait une bible très précise, dit-il aujourd'hui. Mais disons que la scénographie, le *sniper* [fou du roi] et les interviews à thème étaient les éléments les plus importants. »

Comment se sont passées les négociations entre le créateur de TLMEP et celui d'*Un gars, une fille* ? « Le contact entre les deux s'est bien passé, dit l'agent de Guy. Le fait que nous avions une expertise a facilité une compréhension mutuelle. Avec *Un gars, une fille*, on était dans le rôle du vendeur ; là, on était acheteur, mais on comprenait mieux le vendeur. On sait ce qui est important dans le respect du format. »

GUY : « Pour adapter une émission dans un autre pays, il faut faire croire aux téléspectateurs que l'émission importée est locale. Le public français était convaincu que leur comédie préférée (*Un gars, une fille*) était une création française. Pourquoi ? Parce que les acteurs, les scripts-éditeurs et les productrices s'étaient approprié mon émission et lui avaient donné une saveur locale tout en respectant le concept.

Quand on regarde *Star Académie* ou *La voix* au Québec (produits par Julie Snyder et adaptés par Stéphane Laporte), on a l'impression de regarder une émission de chez nous, avec des enjeux de chez nous et des parcours de vie de chez nous. Ils ont pris un concept étranger et se le sont spectaculairement approprié. J'ai fait la même chose avec l'excellent concept de Thierry Ardisson. Nous avons imposé notre dynamique québécoise, notre vision québécoise, notre compréhension québécoise, notre humour québécois. Et aujourd'hui, après 10 ans, quand je parle de TLMEP, je dis MON émission et j'imagine Thierry Ardisson qui rigole, tout en marchant vers la banque, et qui se dit : "Mission accomplie." »

Le dimanche 12 septembre 2004, la première émission de *Tout le monde en parle* est diffusée. Mario Clément se souvient-il de sa réaction ? « Non, seulement que j'étais très fier d'avoir ça en ondes à Radio-Canada. Ce n'était quand même pas gagné d'avance. On prenait la place des *Beaux dimanches*, à l'antenne depuis 38 ans, et on les remplaçait par un *talk-show* avec deux humoristes ! »

LE FOU DU ROI

En juin 2004, à trois mois de la première de *Tout le monde en parle*, l'animateur était enfin confirmé, mais il fallait lui trouver un fou du roi. Pour ce rôle clé, trois appelés (Louis Morissette, Maxim Martin et Dany Turcotte), un seul élu.

DANY: «Ma sœur Louise, *fan* de l'émission française, a su qu'il se préparait une version québécoise de TLMEP. Elle m'a fortement suggéré de passer l'audition pour le rôle de "*sniper*" de Guy! J'ai fait appeler mon agent pour suggérer mon nom et on lui a répondu que je faisais partie de la liste des pressentis. Est-ce vrai? On ne le saura jamais!»

Mario Clément voulait le même *pattern* que celui de l'émission originale. «Les échanges entre Thierry Ardisson et Laurent Baffie créaient une dynamique de *show* vraiment intéressante, explique-t-il. Le *side-kick* était vraiment là, pas un simple faire-valoir. Moi, je voyais moins Dany Turcotte dans ce rôle-là que Louis Morissette, par exemple. J'aimais bien l'humour de Dany, mais j'avais encore l'humour incroyable de Baffie en tête.»

Guy lui avait dit que Louis Morissette et lui, c'était trop pareil, et que Dany proposait quelque chose de différent, un autre type d'approche, un autre genre d'humour. Guillaume Lespérance, producteur délégué de TLMEP, se souvient de la nervosité extrême de Dany lors de l'enregistrement de l'émission-pilote: «C'était le plus nerveux de tous. Il marchait dans les corridors du troisième sous-sol pour passer son stress et quand est venu son tour je ne le trouvais plus. Ça m'a pris 15 minutes pour le retrouver et l'amener en studio!»

DANY: «L'audition s'est bien passée, j'étais en forme, tout m'intéressait, et le public en studio a voté unanimement pour moi. Les producteurs n'avaient donc pas le choix! Guy m'a téléphoné pour me dire que j'avais un nouvel emploi. C'était ma première audition et mon premier *job* dans le milieu autre que celui d'humoriste.»

CARTE DE RACHID BADOURI À DANY

Kaplunk! Dany. Qui est Batman sans Robin, une crêpe sans Nutella, un chèque sans fonds, une prière sans foi, qui est Pète en bateau sans Ré-Pète? Cette émission sans toi, personne n'en parle.

Cette carte TLMEP est personnelle et est valable sans durée de temps.
TOUT LE MONDE EN PARLE

Encore aujourd'hui, au début de chaque saison, le fou du roi s'installe devant son téléviseur et revoit la cassette de son audition pour se rappeler l'état d'esprit dans lequel il était à ce moment-là. Depuis, le ton de l'émission a évolué, mais l'irrévérence est restée.

DANY: «Au début, mes interventions étaient plus naïves. Ne connaissant pas l'impact de l'émission et ses retombées médiatiques, je fonçais littéralement tête baissée sans penser aux conséquences. Avec le temps et l'expérience, la naïveté a fait place à la lucidité. On est scrutés à la loupe, et les gens analysent l'émission comme si c'était un match de hockey. Il faut tourner au moins vingt fois sa langue dans sa bouche avant de parler. En fait, je suis beaucoup plus drôle ailleurs qu'à TLMEP!»

Le fou du roi est un spectateur privilégié. J'assiste à l'émission et je pose les mêmes questions qu'un téléspectateur pourrait se poser. J'ai le droit de tout faire : déstabiliser, étriver, ramener sur terre, être sceptique, déranger, mais aussi aimer, charmer et être fan aveugle, tout sauf être objectif ! (Note à moi-même : la plupart des fous du roi sont morts la tête coupée !) »

Un soir d'enregistrement, lors de la dixième saison, Dany m'avait fait cet aveu surprenant. « Comment savoir si je suis prêt ? Je ne peux jamais le savoir. » Le rôle du fou du roi est de déstabiliser un invité, de trouver une faille dans un argumentaire, d'influer sur le rythme d'une entrevue, de mettre en lumière un aspect plus sombre d'une personne ou d'un événement, etc. Sa seule arme : les mots. On pourrait même aller jusqu'à dire : la phrase qui tue.

LA PHRASE QUI TUE DE DANY À...

... DOMINIQUE MICHEL

Mais avez-vous eu tant de *chums* que ça ? Vous étiez la Paris Hilton de l'époque ?

... MARIO PELCHAT

Quand il t'arrive un coup dur comme ça, qu'est-ce que tu fais ? Tu sors dehors et tu pleures dans la pluie ?

... LOUIS MORISSETTE

Mais c'est toi qui as la main dans la marionnette Véro ?

... ANNE-FRANCE GOLDWATER

Pour vous, un homme, c't'un char pis un gland ?

... GEOFFREY MOLSON, À PROPOS DU PRIX DE LA BIÈRE AU CENTRE BELL

Tabarouette, c'est : « Prendre un verre de bière, mon minou ! Prendre un verre de bière, ça met dans le trou ! »

... PAULINE MAROIS À PROPOS DE L'ARRIVÉE DE PIERRE KARL PÉLADEAU AU PARTI QUÉBÉCOIS

Le PQ a beaucoup écopé.

... GUY CARBONNEAU

Le prix de la bière au Centre Bell, là, c'est-tu basé sur le cours du pétrole ?

... CHLOÉ SAINTE-MARIE, À PROPOS DE GILLES CARLE

Il t'a pris tout nue dans rue et t'a mis tout nue dans les vues !

GUY: «Quand j'étais dans RBO, Dany était dans le Groupe Sanguin. On s'est vus évoluer de loin à travers nos carrières d'humoristes sans jamais devenir amis. Les quelques fois où j'avais discuté avec lui, j'avais remarqué ses préoccupations citoyennes et sociales. Pour moi, il était important, au-delà du sens de la répartie que Dany a toujours eu, que le fou du roi ait gardé intact son sens de l'indignation au lieu de tomber systématiquement dans le cynisme. Il fut mon premier choix, et je ne le regrette pas. Aujourd'hui, après plusieurs années de fréquentation, je peux dire que mon collègue Dany est devenu mon ami Dany.»

Aujourd'hui, l'amitié est réciproque, ce qui n'empêche pas Dany d'avoir ses têtes de Turc, sans qu'aucune ait droit à un traitement aussi royal que Guy. Il ne manque pas une occasion de souligner la voix unique en son genre de son ami et collègue...

DANY

– Enfin, ça recommence. Je me suis ennuyé de *Tout le monde en parle*. Il n'y avait plus rien à écouter à la télé le dimanche soir. Écoute Guy, entre *La voix* et ta voix, je choisis la tienne.

...y compris quand Guy chante ; par exemple, le duo enregistré avec Marc Labrèche pour l'album-hommage à Joe Dassin.

DANY

– En tout cas, je peux te dire que c'est pas avec cette *toune*-là que tu vas lancer un Félix cette année !

Le fou du roi s'interroge aussi parfois sur la pertinence des choix de rôle de Guy au cinéma.

GUY

– Mais nous, dans *Bossé*, on a eu du *fun* !

CLAUDE LEGAULT

– On a eu du *fun* en tabarouette !

DANY

– Au moins, il y a vous autres qui en avez eu !

DANY: «Avec le temps, j'ai su trouver un ton adapté au Québec. Contrairement à la France, où le cynisme et les attaques verbales musclées font partie de l'ADN des Français, les Québécois n'aiment pas les attaques personnelles ni que le ton monte. Ils n'aiment pas voir une personne se faire humilier publiquement, qu'elle soit méchante ou pas ! Il faut savoir sortir les griffes à l'occasion, mais juste à moitié...

Pour me préparer, je fais une recherche sur chaque invité en essayant de trouver la petite chose anodine que les vrais recherchistes ne verront pas ou trouveront inintéressante. La tâche n'est pas facile, nous avons la meilleure équipe de recherche de la profession ! L'autre partie de ma préparation, c'est l'écriture des cartes !»

Dany Turcotte, Marie-Lise Pilote et Dominique Lévesque

LE GÉNÉRIQUE

Un homme marche. Il croise une femme qui fume sur un vélo stationnaire et une autre qui pousse un landau, un type avec un masque de renard, une vache, un manifestant qui mange un hamburger et une blonde avec une matraque de police qui envoie un baiser à la caméra. Bienvenue à *Tout le monde en parle*!

Quelqu'un peut-il nous expliquer notre générique des premières années?

Guy n'a aucune idée sur la question et l'équipe non plus. Le concepteur et réalisateur François Blouin le sait-il? «C'est une excellente question, répond-il. Je serais très curieux de savoir ce que ça a éveillé chez les téléspectateurs! Pour moi, un générique joue le rôle d'une porte pour entrer dans le monde de l'émission. TLMEP voulait déranger, questionner, devenir un lieu de rencontre pour discuter des enjeux de société, mais aussi brasser des idées et provoquer des débats. C'est pourquoi j'ai eu envie de créer un générique qui titille et qui dit: "On entre dans un espace où il faut rester ouvert, un monde plein de contradictions." On a donc mis en scène des personnages loufoques et étranges pour rappeler la complexité du genre humain. C'est comme si le générique nous donnait accès au studio après l'émission et que l'écho des invités de l'émission continuait à vivre dans le studio.»

Un générique mystérieux, qui se termine sur un dessin de la Terre qui tourne. Dans le mauvais sens.

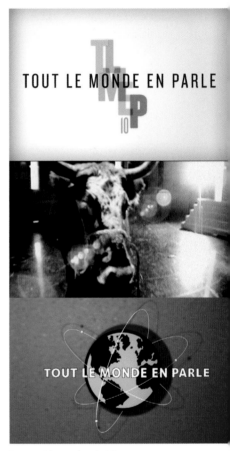

Image et logos du générique

GUY

– Plusieurs personnes nous l'ont fait remarquer. Il y a même quelqu'un qui a dit: «Est-ce que vous êtes épais ou bien est-ce que c'est un concept?» Euh... c'est un concept!

Et quel était ce concept? «C'est simple, explique François Blouin. Je trouve que le monde ne tourne pas toujours du bon côté! Pour être bien franc, au début, on ne s'est pas posé la question! Mais ce n'est pas tous les jours que l'on fait tourner la Terre et, une fois qu'elle a pris son élan, c'est difficile de la faire changer de direction!»

LA RÉUNION DU MARDI

Sont présents : Guy A. Lepage (animateur), Guillaume Lespérance (producteur délégué), Carole-Andrée Laniel (rédactrice en chef), André Ducharme (script-éditeur), Catherine Lalonde (documentaliste) et les recherchistes Sébastien Cantin, Marylène Fortier, Mathieu Fournier, Patrice Parent et Dominique Rhéaume.

À cette réunion, tout le monde propose des invités, exprime son opinion et fait des blagues.

**CAROLE-ANDRÉE
CE N'EST PAS TOUJOURS
GUY LE PLUS DRÔLE !**

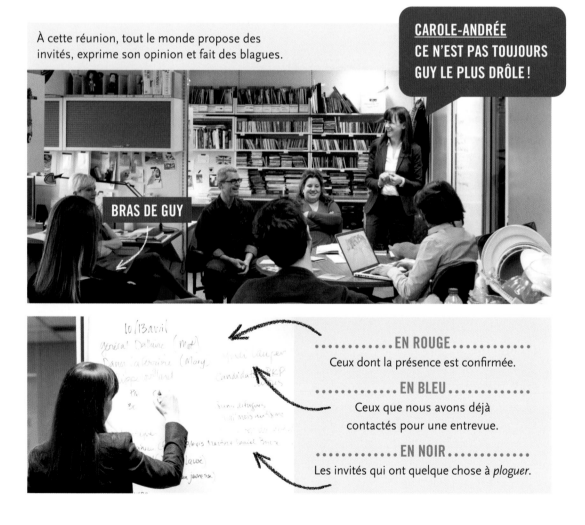

BRAS DE GUY

EN ROUGE
Ceux dont la présence est confirmée.

EN BLEU
Ceux que nous avons déjà contactés pour une entrevue.

EN NOIR
Les invités qui ont quelque chose à *ploguer*.

GUY
POURQUOI ON N'INVITE PAS OMAR KHADR ?

MARYLÈNE
IL NE PEUT PAS VENIR, SEULEMENT SON AVOCAT.

GUY
BEN, S'IL NE VEUT PAS VENIR, TANT PIS POUR LUI !

N.D.L.R. Omar Khadr était alors détenu à la prison de Guantánamo.

Il peut y avoir 40 noms sur le tableau, mais plus la réunion avance, moins il en reste. Il est fréquent qu'un nom rayé réapparaisse. Comme on dit : « Rejets du mardi, invités du jeudi ! »

GUILLAUME
DES HEURES À ATTENDRE LA CONFIRMATION D'UN INVITÉ, PARFOIS DES JOURS. LA JOURNÉE VA ÊTRE LONGUE...

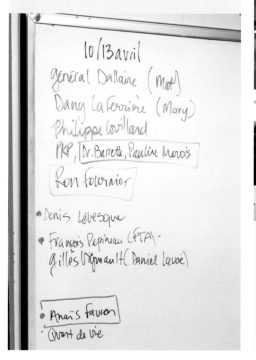

À la fin du processus de sélection, il ne reste que quelques élus, avec qui nous espérons faire un plateau. Un heureux mélange de sujets culturels et non culturels, de gens très populaires et d'autres moins connus. Des invités habitués aux plateaux pour entourer des gens sans expérience à la télé.

VIENDRA, VIENDRA PAS ?

À chaque saison, nous avons invité les personnalités ci-dessous. Elles ont, jusqu'ici, refusé nos invitations. Voici donc notre Top 10 des noms qui nous ont toujours dit non.

LES IRRÉDUCTIBLES

PIERRE KARL PÉLADEAU

FABIENNE LAROUCHE

STEPHEN HARPER

JEAN-MARC PARENT

ANDRÉ ARTHUR

LUCIEN BOUCHARD

LUC PLAMONDON

JEAN TREMBLAY, LE MAIRE DE SAGUENAY

LES COWBOYS FRINGANTS

MICHAËLLE JEAN

Mardi 22 avril 2014. Nous voulons recevoir Philippe Couillard, le nouveau premier ministre, ou le docteur Gaétan Barrette, son ministre vedette. L'attaché de presse du premier ministre nous dit non assez rapidement. Nous contactons immédiatement monsieur Barrette, tout juste nommé (sans surprise) au ministère de la Santé. Tout le monde parle de lui et tout le monde s'attend à ce qu'il soit sur notre plateau. Surtout l'animateur ! Mais le docteur se fait attendre. Normal, nous sommes dans l'urgence !

Deux invités sont déjà confirmés : Ginette Reno, pour sa tournée, et Jean-François Mercier, pour son nouveau spectacle. Dans la journée arrivent d'autres confirmations : Anne-Marie Cadieux et Brigitte Haentjens, pour la pièce *Molly Bloom*, et Joël Legendre, qui attend des jumelles avec son conjoint par fécondation *in vitro* d'un mère porteuse. Sujet explosif en perspective.

Toujours pas de réponse du ministre Barrette.

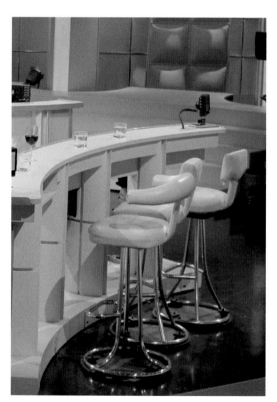

Mercredi matin. Les séries éliminatoires de hockey battent leur plein. Nous demandons à recevoir Marc Bergevin, Michel Therrien ou des joueurs du Canadien. Réponse négative vers midi. Il nous faut parler des séries à tout prix. Difficile de trouver des commentateurs sportifs, mais, coup de chance, Dany Dubé et Martin McGuire acceptent notre invitation parce qu'ils n'ont pas de match du Canadien à décrire. Nous avons cinq invités sur six.

L'équipe du ministre Barrette nous promet une réponse en soirée. Nous prenons le risque. Guy le veut.

Mercredi soir. Le bureau du docteur Barrette ne peut nous donner une réponse que le lendemain matin. On ne peut rien faire d'autre qu'attendre.

Jeudi matin. Silence au bureau de circonscription du ministre. On sort le plan B. La couverture de *L'actualité* est consacrée aux agressions sexuelles dans l'armée. La journaliste Noémi Mercier et l'ex-soldate Stéphanie Raymond sont en entrevue à la radio. Si on veut la primeur télé, il faut faire vite. Les deux jeunes femmes acceptent de participer à l'enregistrement du soir même. Les recherchistes préparent *in extremis* les cartons de l'entrevue.

Toujours pas de réponse du ministre Barrette.

Jeudi après-midi. À quelques heures de l'enregistrement, coup de fil de l'équipe du ministre Barrette, qui s'excuse de ne pas pouvoir donner suite à notre demande.

Jeudi soir. Enregistrement d'une excellente émission.

Le ministre est finalement venu sur notre plateau le 28 septembre 2014.

LE JEUDI, JOUR J

.... 8 H 30 ....

Dès son arrivée, Manon Brisebois, la réalisatrice, révise les versions à jour des recherches. Elle note les changements et voit à ce que chaque extrait visuel soit prêt ou en cours de transfert (beaucoup arrivent à la dernière minute...).

.... 11 H ....

À la suite des ajouts faits la veille, Manon revoit avec les techniciens en magnétoscopie l'enchaînement des extraits de films, d'émissions de télévision, de vidéoclips et de photos.

.... 14 H ....

Manon rencontre Diane Piotte, la régisseuse, pour la familiariser avec l'enchaînement, lui donner des indications sur la position des invités et lui préciser les accessoires qu'elle aura à apporter à l'animateur durant la soirée.

.... 14 H 30 ....

Manon revoit avec l'aiguilleur l'enchaînement des visuels : couverture de livre, pochette de CD ou de DVD, affiche, photo, etc.

.... 15 H ....

Manon passe à travers la feuille de route avec les caméramans. Elle donne déjà des indications pour les plans de caméra, les déplacements et les particularités du tournage.

.... 15 H 30 ....

Arrivée de Guy, de Dany et des recherchistes en studio pour la répétition. L'équipe technique et la réalisation doivent être prêtes. Les effets d'éclairage, les déplacements des caméras, les micros, tout est revu une dernière fois. Guy voit, entend et approuve tous les extraits visuels et les extraits musicaux. Après la répétition, Manon révise une dernière fois tous les visuels avec les techniciens en magnétoscopie.

.... 17 H 45 ....

Arrivée du public. Joël Raby, l'animateur de foule, assigne les places aux spectateurs. Il les prépare à la soirée qui les attend : lecture de courtes biographies des invités, répétition des battements de mains qui accompagnent la musique ; bref, il doit mettre de l'ambiance dès le départ, car, toute la soirée, il aura à maintenir un haut degré d'énergie sur le plateau. La foule doit être en alerte, éveillée, prête à applaudir, réagir, rire ou s'émouvoir à tout moment.

Joël Raby,
l'animateur de foule

.... 18 H 15 ....

Tout le monde est en place. Enregistrement des applaudissements avec public – ceux-ci pourront être utilisés pour masquer des coupures lors du montage.

.... 18 H 30 ....

Début de l'enregistrement, en théorie.

.... 18 H 47 ....

Début de l'enregistrement, en pratique.

La réalisatrice,
Manon Brisebois

La régisseuse,
Diane Piotte

L'assistante
à la réalisation,
Julie Ouimet

Avant chaque enregistrement, Guy va voir les techniciens pour leur souhaiter un bon *show* et les remercier d'être là. Durant l'enregistrement, quatre personnes parlent dans l'oreille de l'animateur : la réalisatrice, l'assistante à la réalisation, le script-éditeur et la rédactrice en chef. On lui parle :

— pour le prévenir qu'il y a un problème avec le micro d'un invité (pris dans les cheveux longs d'une invitée ou les pendentifs d'Éric Lapointe) ;

— pour lui demander de reprendre un mot mal prononcé ou mal lu (il est de plus en plus myope);

— pour lui signaler des erreurs (s'il demande à Ginette Reno quel effet ça fait de chanter au Forum, André va lui souffler « Centre Bell ! ») ;

— pour lui suggérer des questions, évidemment, ou le prévenir qu'un invité veut intervenir.

Dans la régie, une multitude d'écrans nous renvoient les plans des 10 caméras en studio. Nous voyons donc mieux que Guy ce qui se passe sous son nez.

Manon Brisebois, la réalisatrice, connaît Guy depuis l'émission *RBO Hebdo*, dans laquelle elle était assistante à la réalisation. « J'ai appris en le regardant, dit-elle. En étudiant son *body language*. La télé, c'est un jeu de dominos. Il suffit que quelque chose ne soit pas au quart de tour et une série d'erreurs peut survenir. Et Guy est très exigeant. Il ne laisse pas beaucoup de place à l'erreur. Alors, nous sommes tous sur le qui-vive. »

Au début, les enregistrements du jeudi soir étaient tellement interminables que nous gagions sur l'heure à laquelle ils allaient finir. Le plus long a duré plus de sept heures, de 18 h 30 à 1 h 50 ! Aujourd'hui, la tradition des gageures a repris, mais on parie sur l'enregistrement le plus court!

Pendant que des membres de l'équipe et l'animateur se prélassent au restaurant après une longue journée de travail, les techniciens, eux, se hâtent de démonter le décor, qui a été si long à monter. Les invités n'ont pas encore quitté le plateau, certains jasent entre eux, d'autres se font prendre en photo avec le public ou signent des autographes. Autour d'eux, des panneaux du décor s'élèvent vers le plafond alors que les techniciens enlèvent les chaises et les moniteurs, les caméras sont rangées sous clé, et les fils, enroulés. L'équipe de nuit peut alors terminer de démonter notre décor pour installer celui de *C'est ma toune*, émission qui, en 2013-2014, était tournée en direct le vendredi soir.

Tout est à recommencer dans la nuit du mardi de la semaine suivante. Pendant près de cinq heures, une équipe de nuit enlève le décor de l'émission précédente (l'an dernier, celui des *Enfants de la télé*), puis assemble une partie du nôtre jusqu'au mercredi matin pour l'installation de l'éclairage, qui prendra la journée. À 15 h, suite et fin du montage du décor avec installation du plancher, des trois tables, des gradins et des écrans.

Pas de temps à perdre, demain, on tourne.

> **LOUIS-JOSÉ HOUDE** [À GUY]
>
> ON VOUS LE DIT PAS À VOUS DEUX, LÀ, MAIS À UN MOMENT DONNÉ [PENDANT L'ENREGISTREMENT], ON TOMBE DANS LA LUNE EN TABARNAK.

TOUT LE MONDE EN PARLE

TEMPS D'ENREGISTREMENT MOYEN D'UNE ÉMISSION

6H LA PREMIÈRE ANNÉE

4H15 LA DIXIÈME SAISON

PLUS LONGUE DURÉE **7H20**

ENTRE LES DEUX : UNE LENTE AMÉLIORATION ET UN INVITÉ DE MOINS PAR ÉMISSION.

LES APPLAUDISSEMENTS

Tous les invités reçoivent le même traitement : phrase de présentation, chanson appropriée, applaudissements, qui peuvent être sentis ou polis, selon l'humeur du public, de l'animateur de foule et des directives de la production. Il faut, par exemple, s'assurer que des élus de différents partis politiques reçoivent le même accueil.

Les applaudissements apportent beaucoup aux invités et, parfois, les galvanisent. Comme pour Marie Eykel, Jacques L'Heureux et Claire Pimparé, venus présenter un coffret DVD des 25 premiers épisodes de *Passe-Partout*, ou pour Dominique Michel, invitée à parler de lutte contre le cancer.

GUY

– Ma première invitée est une battante, et son destin est celui d'une gagnante. Voici mon amie Dominique Michel.

[applaudissements]

DANY

– La dernière ovation que j'ai vue de même, c'était pour Maurice Richard !

DOMINIQUE MICHEL

– Vous allez me faire pleurer. Je suis très émue d'être ici.

À tout seigneur, tout honneur, l'une des ovations les plus sonores fut sans aucun doute celle réservée à Guy Lafleur, qui, après plusieurs refus, avait finalement accepté de venir à l'émission.

GUY

– Mon premier invité est le joueur le plus spectaculaire de l'histoire du Canadien de Montréal, voici le démon blond, Guy ! Guy ! Guy Lafleur !

[applaudissements et cris]

GUY

– Ça, Guy, je pense que c'est la première fois que tu entends ça : « Guy ! Guy ! Guy ! »

GUY LAFLEUR

– J'ai fini, là ? Je peux m'en aller ?

Venue quelques heures à peine avant son spectacle au Centre Bell, la *star* internationale Jon Bon Jovi a été accueillie en studio par une foule en délire. Pas étonnant : depuis les années 80, le groupe du New Jersey est en terrain conquis dans la Belle Province.

GUY

– Comment vous expliquez cette histoire d'amour entre le Québec et Bon Jovi ?

JON BON JOVI
– On change d'accent – ah, Bon Jovi ! –, et on pense qu'on est Français !

Les applaudissements réservés à Lino Zambito, témoin vedette de la commission Charbonneau, sont certainement ceux qui ont le plus choqué. L'ex-entrepreneur avait tracé, lors de son témoignage devant la commission en septembre 2012, le portrait troublant des relations alléguées entre les entrepreneurs en construction, les partis politiques et la mafia. Il avait décrit un système corrompu où régneraient collusion, surfacturation et utilisation de prête-noms.

Lino Zambito

GUY
– Il est passé de champion de la construction à champion de la commission, voici Lino Zambito.
[musique (*Champion de la construction*, de Turbo Distortion) et applaudissements]

Cet accueil chaleureux avait soulevé la controverse : pourquoi applaudir un homme accusé de fraude, de collusion et d'abus de confiance ? Cette question avait été soulevée en réunion de production, mais on s'était dit que, comme tous les invités de TLMEP, Lino Zambito devait recevoir le même traitement.

Nous avions déjà reçu Alfonso Gagliano, dont la réputation avait été fortement entachée par le scandale des commandites. Pourtant, l'ex-ministre des Travaux publics au Parti libéral du Canada avait été applaudi à son arrivée sur le plateau, sans qu'il y ait eu de réactions par la suite.

Dans les mois qui suivirent, l'accueil bruyant réservé à Lino Zambito est devenu matière à blagues lorsque Simple Plan et Loco Locass ont été reçus par les applaudissements déchaînés du public en studio. « Tabarouette, on jurerait l'entrée de Lino Zambito ! », avait lancé Dany quand Simple Plan était entré sous les applaudissements de la foule. Lorsque le groupe Loco Locass, lui aussi, avait été ovationné, Biz avait laconiquement déclaré : « C'est bien, on a un meilleur accueil que Zambito. »

Même Guy y a fait allusion l'année suivante, alors que le public applaudissait chaleureusement les célébrations entourant la dixième saison de TLMEP :

GUY
– On dirait qu'on vient de recevoir Lino Zambito !

GUY
ET SI T'ÉTAIS ENTREPRENEUR EN CONSTRUCTION ?

LOUIS MORISSETTE
JE SERAIS PAS ICI. BEN NON, PEUT-ÊTRE QUE J'AURAIS UN *STANDING OVATION*, REMARQUE, ÇA VEUT RIEN DIRE : ICI, ON EST BIEN ACCUEILLIS QUAND MÊME.

C'EST MA *TOUNE* !

La musique apporte rythme et énergie à une émission. Elle permet de tenir le public, les invités et toute l'équipe en alerte durant tout l'enregistrement.

GUY : « Souvent, au retour de la pause, on voit le public taper des mains sans marquer le rythme. Est-ce une erreur de montage ? Non, c'est tout simplement la faute de Joël Raby, notre animateur de foule, qui n'a aucun sens du rythme ! Je m'amuse à ses dépens à ce sujet pendant les pauses. Et ce n'est surtout pas très important puisqu'il est un excellent animateur de foule. »

Certaines émissions de télévision ont des orchestres maison, des D.J. ou de la musique envoyée de la régie. À TLMEP, la musique est dans le clavier de Guy. « À la deuxième saison, au retour de la pause publicitaire, on a commencé à mettre des *tounes* qu'on aimait bien, raconte Marie-France Long, coordonnatrice de production et recherchiste musicale. Vers la fin de la troisième saison, on a fait jouer des nouveautés qui n'étaient pas nécessairement diffusées à la radio. Chaque début de saison, je cherche des chansons pour les retours de pause. Je reçois presque tout ce qui sort. J'écoute des heures et des heures de musique. Je sélectionne surtout des pièces qui ont du *beat*. » Cette vitrine est très appréciée des artistes, même si l'extrait entendu est court. Ça a pris une telle importance qu'aujourd'hui, les compagnies de disques nous envoient leurs nouveautés en espérant qu'un extrait sera diffusé le dimanche soir.

Au fil des saisons, la chanson pour accompagner l'entrée d'un invité a pris de l'importance. Au début, un invité était souvent accueilli sur une composition originale de Ramachandra Borcar (DJ Ram). Peu à peu, nous avons choisi des chansons plus personnalisées, et chaque invité arrive maintenant sur un morceau choisi en fonction de son nom, de son métier, de sa personnalité, etc. La recherchiste musicale et l'équipe de recherche travaillent ensemble pour trouver la bonne chanson et le bon extrait. « Souvent, explique Marie-France Long, les recherchistes m'envoient la présentation de l'invité avec une proposition de chanson. Je vois alors s'il est possible de libérer les droits dans les délais voulus et je la propose à Guy. »

La recherchiste musicale, Marie-France Long

Des invités nous proposent parfois une chanson pour accompagner leur arrivée sur le plateau. Nous refusons toujours. Il n'est pas rare non plus que l'invité demande quelle sera sa chanson d'accueil. On ne le dit jamais.

Pendant cinq ans, Dany a été accueilli sur la musique de Ramachandra Borcar (DJ Ram). Ensuite, pendant deux ans, il a fait son entrée sur *Dany*, du groupe des années 60 Les Lutins. Puis, Guy a demandé de trouver une nouvelle chanson chaque semaine et d'écrire un court texte de présentation en conséquence :

« Il a été sur la route tout l'été. Ce soir, il retrouve sa chaise de fou du roi », suivi de *Cargué dans ma chaise*, de Radio Radio.

« Il va me manquer cet été », suivi de *Tu vas me manquer*, de Téléphone.

« Chaque semaine, il nous éblouit avec ses pulls pastel », suivi de *Pull pastel*, des Trois Accords.

À la dixième saison, Guy a lancé cette idée folle de faire appel au public pour qu'il nous soumette des suggestions. Marie-France Long a reçu plusieurs propositions. « Guy avait mis au défi les téléspectateurs, se souvient-elle. Défi qu'avaient relevé Robert Messier et Jolyanne Mongrain en composant et en interprétant une chanson pour Dany. Un certain José Paradis m'a même envoyé une dizaine de ses compositions destinées à l'arrivée de Dany sur le plateau. Nous en avons fait jouer quelques-unes. »

Jusqu'où irons-nous dans cette recherche de la *toune* parfaite ? Nul ne le sait, mais il est permis de craindre le pire.

MINI JEU-QUESTIONNAIRE
Associez le texte de présentation à la chanson correspondante.

A. Armé de son kodak, mon prochain invité est le roi des tapis rouges. Voici Herby Moreau.

1. *Jean-François*, de Pierret Beauchamp

B. Dans le journal, elle vous arrange le portrait. Voici la journaliste Nathalie Petrowski.

2. *L'amour est sans pitié*, de Jean Leloup

C. Certains trouvent qu'elle se dévoile trop, d'autres, qu'elle ne se dévoile pas assez. Voici Anne-Marie Losique.

3. *Tout le monde a des kodaks*, de François Pérusse

D. Il ferait de l'ombre même au soleil. Voici le ministre Jean-François Lisée.

4. *Provocante*, de Marjo

E. Pour mon prochain invité, l'amour est sans pitié. Voici l'écrivain et cinéaste Frédéric Beigbeder.

5. *Nathalie*, d'Éric St-Pierre

SERVIS SUR UN PLATEAU

CHRISTIANE CHARETTE

– J'avais entendu un gars très plate à la radio. Il s'était fait manger un bras par un requin. On s'en fichait qu'il soit plate.

GUY

– Ben oui, on l'écoutait !

CHRISTIANE CHARETTE

– À moins que quelqu'un se soit fait manger un bras par un requin, s'il est plate, amène-le pas en ondes. Même si ce qu'il fait est valable. C'est pas nécessaire qu'il soit un «A». Ça prend des «pas des A» qui étonnent les «A» et qui les amènent ailleurs.

Un «A», c'est une vedette populaire (Véro), un acteur de l'actualité (Zambito) ou un invité qui va assurément donner un bon *show* (Dany Laferrière). Les «pas des A», ce sont tous les autres : spécialiste peu connu du grand public, anonyme qui a vécu quelque chose d'extraordinaire, artiste émergent, etc. Pour avoir une émission équilibrée et stimulante, il faut placer chaque invité de façon stratégique afin d'en tirer le maximum. On peut, par exemple, démarrer avec un grand causeur, qui interviendra, on l'espère, lors des entrevues suivantes. Ou bien commencer avec un sujet délicat, quand il y a moins de monde et que le ton est plus propice à la confidence. Les sujets rassembleurs sont placés en fin d'émission, quand tous les invités sont présents.

Il faut aussi favoriser les interactions entre les invités, pour pousser la discussion plus loin, dans l'intime comme dans le social, dans l'empathie comme dans le rire. C'est lors de ces rencontres improbables que se produisent les échanges les plus inattendus. Par exemple, celui entre la religieuse-sexologue Marie-Paul Ross et l'humoriste français Franck Dubosc sur la position du missionnaire. Ou encore le joyeux délire entre Marc Labrèche et le professeur de comptabilité Léo-Paul Lauzon.

LÉO-PAUL LAUZON

– Tantôt, t'arrêtais pas de parler de ton gros ego, pis de ci, pis de ça.

MARC LABRÈCHE

– Ah, jamais de la vie ! Je répondais à la troisième personne parce que c'était le jeu de l'entrevue. J'ai donc le tour de me faire des amis. Tu sais que je t'aime pareil ? Non, je veux pas t'embrasser sur la bouche, par exemple.

LÉO-PAUL LAUZON

– Même pas un petit bec en cul de poule ?

Et qui peut oublier l'écrivaine Kim Thúy et le comédien Réal Bossé qui dissertent calmement sur la différence entre une orgie et une partouze ?

RÉAL BOSSÉ

– Écoute. C'est la quantité et l'organisation.

KIM THÚY

– Trois, c'est pas une orgie ?

RÉAL BOSSÉ

– C'est une question d'organisation. Une orgie, y a de la bouffe là-dedans, toutes sortes d'affaires. Une partouze, c'est plus organisé, j'imagine.

KIM THÚY

– Hein ? Je pensais que c'était le contraire !

Kim Thúy

D'autres fois, c'est l'émotion qui gagne le plateau. C'est arrivé à Véronique Cloutier et à Éric Salvail, admiratifs du courage et de la force de Nancy Mawn, à qui il ne restait que quelques mois à vivre et un dernier rêve, celui d'assister à la naissance de sa petite-fille et de la prendre dans ses bras.

ÉRIC SALVAIL

– Qu'est-ce que vous dites aux gens qui ne profitent pas du moment présent quand ils peuvent, quand ils sont en santé?

NANCY MAWN

– On a des projets, on est toujours dans le futur, hein? Souvent, on se projette. Mais je me dis: «Un jour, ils vont vivre des choses, ces gens-là, et ils n'auront pas le choix d'aller là. » Je suis une fille qui est restée beaucoup dans le moment présent.

VÉRONIQUE CLOUTIER

– Je suis certaine qu'il y a plein de gens, peut-être même qu'ils regardent présentement, qui mènent un combat comme le vôtre et qui aimeraient avoir cette force et qui ne sont pas comme ça. Mais vous êtes comme ça.

NANCY MAWN

– J'ai pas tant de mérite que ça, parce que c'est vraiment moi. Oui, vraiment.

Le plateau est aussi un lieu de débat entre les invités. On recherche ces discussions animées, pourvu qu'elles ne deviennent pas trop agressives. Patrick Huard et Vincent Graton qui se mêlent, d'un ton posé, à l'entrevue de Thomas Mulcair, alors ministre de l'Environnement, avec des questions pertinentes sur le Suroît ou la privatisation de l'eau potable, ça passe. Le journaliste Patrick Lagacé qui s'acharne sur Pierre Moreau, alors ministre des Transports, ça ne passe pas. Les «Vous dites des niaiseries!», «C'est de la malhonnêteté!» et autres «Vous croyez vraiment ce qui vous sort de la bouche?» lancés sur un ton agressif nous avaient valu plusieurs commentaires négatifs de la part des téléspectateurs.

Après l'entrevue, monsieur Moreau était furieux. «Il nous reprochait de ne pas être intervenus pour calmer Patrick Lagacé», se souvient le recherchiste Sébastien Cantin. Il avait essayé de rassurer le ministre sur l'équité du montage de Guy, mais le ministre ne décolérait pas... jusqu'à ce qu'il voie l'entrevue diffusée.

GUY: «Le 22 novembre 2011, j'étais à l'Assemblée nationale afin de recevoir la Médaille d'honneur avec les membres de RBO. À un moment donné, je me dirige aux toilettes et mon voisin d'urinoir est... Pierre Moreau! Nous nous saluons, comparons la grosseur de nos pénis et le ministre me félicite pour le montage de l'entrevue avec Patrick Lagacé. Il avait trouvé que c'était plus équilibré que lors de l'entrevue. Je l'ai remercié tout en lui précisant que chaque fois qu'un invité répétait les mêmes arguments ou s'acharnait avec les mêmes réponses, je gardais au montage une seule de ces répétitions, quel que soit le commentaire, quel que soit l'invité, que je sois d'accord ou non avec le propos. Nous nous rezippâmes et nous nous dirigeâmes gaiement vers le Salon bleu tout en prenant soin auparavant de bien laver nos mains. »

Il peut arriver qu'un plateau devienne pénible pour un invité. Ce fut le cas pour Jean Charest lors de son dernier passage à TLMEP. Rien n'allait plus pour le premier ministre du Québec : c'était avant le déclenchement de la commission Charbonneau, et 200 000 personnes avaient signé une pétition demandant sa démission ! « C'est comme si dix fois le Centre Bell signait une pétition. C'est dur quand on est le chef d'un gouvernement. », avait dit l'animateur.

LOUIS MORISSETTE

– Moi, je suis votre conseiller, je fais : « M. Charest, ils la veulent [la commission d'enquête], on va leur donner. Ils chialeront pas que ça coûte cher, ils la veulent ! L'éléphant ne doit pas accoucher d'une souris. Vous êtes fait, sinon ! »

JEAN CHAREST

– Louis, j'entends tout ce que tu me dis.

LOUIS MORISSETTE

– Excusez, je le dis fort un peu. Mais pour vrai, vous êtes mon premier ministre et je vous dois respect parce que vous êtes solide en *tabarouette* ! Moi, j'aurais sacré mon camp, ça fait un bout !

Jean Charest devait clôturer la soirée, mais il est arrivé plus tôt que prévu. Guy lui a alors proposé

de passer tout de suite, ce que monsieur Charest avait évidemment accepté. Guy lui a ensuite offert de rester sur le plateau jusqu'à la fin de l'enregistrement. Ce qu'il a également accepté, malgré l'entrevue difficile qu'il venait de donner, et sans trop savoir qui était l'invité suivant. C'était l'animateur Philippe Desrosiers, qui venait parler de son émission *Le sexe autour du monde*. Le sexe peut être un sujet glissant. Surtout si, sur le plateau, il y a la gang du *Bye Bye* : Louis Morissette, Véronique Cloutier, Michel Courtemanche, Joël Legendre et Hélène Bourgeois Leclerc. Assez rapidement, les mœurs sexuelles des populations visitées ont fait réagir les invités. Visiblement, le premier ministre aurait voulu être ailleurs...

PHILIPPE DESROSIERS

– Le kunyaza, c'est le monsieur qui tapote avec son pénis sur le clitoris de la femme...

GUY

– Pouc, pouc, pouc.

LOUIS MORISSETTE

– Chez vous, ça fait pouc, pouc, pouc ?

PHILIPPE DESROSIERS

– On peut faire le tour de la table pour savoir qu'est-ce que ça fait comme son. Monsieur Charest ?

JEAN CHAREST

– Tu trouves pas que j'ai assez de problèmes comme c'est là ?

Et monsieur Charest n'était pas au bout de ses peines. Lorsque Dany lui tendit sa carte, il ne voulut pas la lire à haute voix. Il la tendit à Louis Morissette qui lut : « Vous avez jusqu'au 15 février pour signer la pétition qui vous permettra de prendre de longues vacances, bien méritées ! »

DANY : « J'ai eu droit à l'un des regards les plus méchants de ma vie de fou du roi ! Le roi n'était visiblement pas content ! »

LES *CARTRONS* DES RECHERCHISTES

Les recherchistes de TLMEP sont plus que des recherchistes. En plus de lancer des invitations, monter des dossiers de recherche et préparer les entrevues, ils et elles sont «complices à la création», c'est-à-dire que ce sont eux les premiers auteurs des *cartrons* de Guy.

Mais qu'est-ce que ça fait, au juste, un recherchiste? Dans un premier temps, il propose les invités et les sujets. Il choisit ensuite les entrevues qu'il va préparer en vue de l'enregistrement. Il reçoit la documentation de la documentaliste, organise l'information, écrit les questions, scénarise l'entrevue, propose les musiques (avec l'aide de la recherchiste musicale), les extraits visuels (avec l'aide de la documentaliste et de l'assistante à la réalisation), des photos, des blagues, des jeux de mots, des questions qui tuent, puis envoie sa version de l'entrevue à la rédactrice en chef, qui révise et fait suivre à Guy.

Guy s'approprie l'entrevue: il ajoute ou coupe des questions, déplace des segments ou en recolle des bouts coupés, et il envoie sa version à André Ducharme, qui l'édite avant de la retourner à Guy, qui repasse dessus avant de l'envoyer à la secrétaire de production, qui la met en forme. Et ce n'est pas encore fini!

Lors de la réunion d'édition, le jeudi après-midi, le recherchiste approuve les modifications finales de l'animateur, du script-éditeur et de la rédactrice en chef. Enfin, l'ultime version de l'entrevue retourne à la secrétaire de production, qui l'imprime sur de beaux cartons présentables à la télé. Des cartons endimanchés, quoi!

Est-ce que des versions ont déjà été perdues dans la chaîne de montage? A-t-on déjà été mêlés dans notre propre procédé de cartonnage? Est-ce que notre méthode de fonctionnement est le bout le plus long à expliquer à tout nouveau membre de l'équipe? Oui à toutes ces questions.

Une fois devant l'invité, à l'animateur de suivre à la lettre ou pas ses cartons. Ce n'est pas nécessairement lui qui décide. Un plateau indiscipliné, des invités curieux qui posent de bonnes questions, un invité qui amène l'intervieweur ailleurs et voilà que l'entrevue prend une autre direction. Questions, extraits, bouts de chansons, questions qui tuent, petits jeux, tout est sur les *cartrons*, sauf les réponses. L'animateur pose les questions. À l'invité de répondre. À lui de vivre avec les conséquences.

Nick Cave

NICK CAVE (RECHERCHE : MATHIEU FOURNIER)

POÈTE, CHANTEUR, ÉCRIVAIN, SCÉNARISTE.

MON PROCHAIN INVITÉ EST UN «RACONTEUR» SANS FRONTIÈRE. VOICI NICK CAVE — *WALK IN : WE NO WHO YOU ARE – NICK CAVE*

BONSOIR M. CAVE, BIENVENUE À *TOUT LE MONDE EN PARLE*. VOUS ÊTES UN DES GRANDS AUTEURS, CHANTEURS ET COMPOSITEURS DE NOTRE ÉPOQUE. C'EST UN HONNEUR DE VOUS RECEVOIR. AVEC VOTRE GROUPE, LES BAD SEEDS, VOUS VENEZ DE LANCER *PUSH THE SKY AWAY* GRAB UN NOUVEL ALBUM MAGNIFIQUE.

ON VA ÉCOUTER QUELQUES EXTRAITS DE VOTRE NOUVEL ALBUM :

MEDLEY — *WE NO WHO U R* (CLAVIER) — *WIDE LOVELY EYES* #2(1) — *JUBILEE STREET* #4(2) — *MERMAIDS* #5(3) — *WATER'S EDGE* #4(4)

DEPUIS UNE T...
CHEUR DE BLU...
LIFIÉE DE GOTHIQUE...
AVEZ MARIÉ VOS TEXTES À DES AMBIANCES...
ET ACOUSTIQUES. TOUR À TOUR, ROCK, PUNK, BLUES ET MÊME GOSP...

VOUS VOUS DÉCRIVEZ COMMENT ?

NICK CAVE

ENCORE UNE FOIS VOTRE TALENT DE CONTEUR. ...SERVATION EST VOTRE ARME DE PRÉDILECTION

...EU VOYEUR POUR ÊTRE UN BON AUTEUR ?

...VEY – A QUITTÉ LE GROUPE AVANT L'ENREGIS- ...S NE L'AVEZ PAS REMPLACÉ. LA GUITARE EST ...E, CE QUI PEUT PARAÎTRE DÉCONCERTANT ...S.

...NGÉ VOTRE FAÇON DE CONSTRUIRE VOS

LES ENTREVUES FORMATÉES

ANDRÉ DUCHARME (script-éditeur de TLMEP): «Un des éléments que nous avons conservés du *Tout le monde en parle* original, ce sont les entrevues "formatées". Il s'agit de courtes entrevues thématiques qui sortent du cadre du sujet principal et qui tentent d'aller ailleurs. Souvent amusantes, parfois déstabilisantes, elles permettent de découvrir des facettes de l'invité moins connues, de sonder ses opinions sur des sujets d'actualité, de mettre en lumière des talents cachés ou des préoccupations inconnues jusqu'ici. On peut aussi s'en servir pour mettre l'invité dans une situation inhabituelle, ou de contre-emploi.

Dès que la présence d'un invité est confirmée, Guy et moi, on se consulte pour trouver un thème d'entrevue formatée qui pourrait bien fonctionner. On essaie de trouver trois propositions, parmi lesquelles on choisit. Une fois qu'on a choisi, j'écris une première version que je soumets à Guy. Une « formatée » contient habituellement une vingtaine de questions. Selon les semaines, on écrit de trois à cinq formatées, qui seront utilisées ou non, en fonction du déroulement de l'entrevue principale. Si Guy juge qu'elle est suffisamment riche en information, il décidera alors de ne pas utiliser la formatée, ou de la couper au montage. Au contraire, une formatée permet parfois de relancer une entrevue moins intéressante.

Les invités ne connaissent pas les questions qui leur seront posées lors de ces entrevues, ce qui n'a pas toujours été le cas. Lors des premières émissions, il nous est arrivé de mettre certains invités dans le coup lorsque des formatées présentaient un haut niveau de difficulté. Mais on s'est rendu compte que c'était totalement inutile, et on a cessé de le faire. Très rares exceptions : si la formatée nécessite un accessoire, un costume ou une mise en scène, l'invité en connaîtra la thématique, mais jamais les questions. »

Sauf la fois où tu as envoyé par erreur l'entrevue de Louis Morissette à... Louis Morissette [note de la rédac' chef] !

ANDRÉ DUCHARME: «Ce n'est pas la formatée que j'ai envoyée à Louis: c'est l'entrevue au complet! Je ne m'en suis aperçu que le lendemain, quand Louis a répondu à mon courriel pour me remercier. On a dû refaire totalement notre plan d'entrevue. »

En dix ans, nous avons créé presque mille entrevues formatées, qui nous ont souvent permis d'obtenir des réponses qui ont beaucoup fait jaser. Certaines ont fait jaser plus que d'autres, pour toutes sortes de raisons.

Louis Morissette

James Moore

JAMES MOORE | ENTREVUE « CULTURE D'ICI ET DE LÀ »

ANDRÉ DUCHARME: « L'occasion était trop belle. On recevait le ministre du Patrimoine d'un gouvernement conservateur, dont les décisions en culture n'étaient pas très populaires. On a donc eu l'idée de concocter un questionnaire afin de mesurer les connaissances culturelles de monsieur Moore. La première version du questionnaire ne comportait que des questions sur la culture québécoise. Après consultation, Guy et moi avons décidé d'aider le ministre et d'ajouter autant de questions sur la culture canadienne-anglaise. Malheureusement, le ministre a coulé le test, tant du côté anglais que du côté français, n'obtenant que deux bonnes réponses, même si la plupart des questions étaient plutôt faciles. »

GUY

– Je vous donne des indices et dites-moi qui sont les personnalités suivantes. Je suis le président fondateur du Cirque du Soleil.

JAMES MOORE

– Oh, je ne sais pas.

Beau joueur, monsieur Moore a par la suite affirmé avoir quand même apprécié sa participation à l'émission, et il y est d'ailleurs revenu, en 2012. Beaucoup mieux préparé.

MICHAEL IGNATIEFF | ENTREVUE « QUÉBEC 101 »

Dans le même esprit, en 2006, Michael Ignatieff, nouvellement arrivé en politique, était en précampagne au leadership du Parti libéral. Pour séduire le Québec, il jouait la carte de ses racines québécoises. Il avait donc eu droit à une entrevue « Québec 101 », qu'il a réussie sans trop de dommages, mais avec l'aide des invités et, même, parfois, du public, qui lui soufflait certaines réponses.

Michael Ignatieff

GUY

– Nommez cinq premiers ministres du Québec.

MICHAEL IGNATIEFF

– Oh là là !

JEAN-LUC MONGRAIN

– Dites Johnson, vous en avez trois.

GUY

– Ha, ha, ha ! Il en manque deux.

MICHAEL IGNATIEFF

– Il m'a sauvé la vie. Alors Lesage et Lévesque, ça fait cinq.

MICHÈLE RICHARD |
ENTREVUE « C'EST L'BOUT D'LA MARDE »

Nous avions invité la chanteuse pour son docu-réalité diffusé à Musimax et la sortie d'un nouvel album, mais, entre l'invitation et l'enregistrement, elle avait fait l'événement en déposant, sur le tapis d'une chambre d'hôtel, un petit « cadeau »... Il allait de soi que l'entrevue formatée allait explorer ce qui la faisait « chier ».

GUY

– Michèle, je vous mets face à une situation et vous me dites ce qui, dans cette situation-là, vous contrarie. Vous complétez ma phrase. Quand les humoristes rient de moi, ça me fait chier quand...

MICHÈLE RICHARD

– Tout le temps.

DANY

– On doit avouer que vous êtes de la chair à comique.

MICHÈLE RICHARD

– *Non-stop.*

Disons qu'il fallait oser. Et que « la Richard » est toujours prête à jouer le jeu. Au point de répondre, dans une autre entrevue formatée, aux questions que l'on posait à son chien !

STÉPHANE GENDRON |
ENTREVUE « JEAN-LUC MONGRAIN »

ANDRÉ DUCHARME: « Le maire de Huntingdon avait fait beaucoup jaser pour avoir voulu imposer un couvre-feu aux jeunes de sa ville. Depuis, il intervenait sur de plus en plus de tribunes et se faisait remarquer pour ses opinions tranchées. On lui avait préparé une formatée dans laquelle on lui demandait de régler divers problèmes de société, tout en prenant une gorgée de café pour chaque solution, à la Jean-Luc Mongrain. »

GUY

– Comment vous réglez ça, le problème du vieillissement de la population ?

STÉPHANE GENDRON

– Ça va se régler tout seul.

GUY

– Comment vous réglez le problème de l'alcool au volant ?

STÉPHANE GENDRON

– Tolérance zéro. Non, pas de permis, si y tue quelqu'un, on le tue.

ANDRÉ DUCHARME: « On n'est certainement pas les seuls responsables, mais depuis, Stéphane Gendron mène une importante carrière à la radio et à la télé, ponctuée de sautes d'humeur et de quelques excès verbaux. »

Guy A. Lepage et Yves P. Pelletier

YVAN DELORME |
ENTREVUE « BONJOUR LA POLICE »

ANDRÉ DUCHARME: «Dans la catégorie "avoir un front de bœuf": faire entrer Yves P. Pelletier déguisé en lieutenant Bouliane sur la musique de *Bonjour la police* pour poser des questions à l'ancien chef du SPVM, c'est pas pire aussi!»

YVES

– Chef, qu'est-ce qui «*différencifisie*» l'actuel policier moderne du policier de d'autrefois?

YVAN DELORME

– La moustache.

YVES

– Côté racisme: traitez-vous «*différenciement*» un sombre individu blanc et un sombre individu brun?

YVAN DELORME

– On traite tout le monde équitablement.

YVES

– Côté crime organisé: qui est le plus organisé présentement, le crime ou la police?

YVAN DELORME

– J'espère que c'est la police qui est le mieux organisée.

Bernard Landry

BERNARD LANDRY |
ENTREVUE « CHUMMY, CHUMMY »

ANDRÉ DUCHARME: «On avait décidé de jouer la carte du contre-emploi, monsieur Landry étant souvent perçu comme quelqu'un de strict, d'un peu hautain et sans trop d'humour. On a donc fait une entrevue très décontractée.»

GUY

– Monsieur Landry, on va relaxer un peu, et on va faire une entrevue «*Chummy, chummy*»...

– On va arrêter de se vouvoyer. Là, je suis Ti-Guy, toi, t'es Bernie. On va se dire les vraies affaires!

[...]

TI-GUY

– Toi, là, mon Bernie, quand t'arrives chez vous, là, t'es ben fatigué. Ça t'arrive-tu, des fois, de te mettre en camisole ou en bedaine dans le salon puis de regarder la TV?

BERNIE

– Surtout *Tout le monde en parle*, là, j'enlève toujours ma camisole.

DANY

– Vous nous écoutez en bedaine! C'est bon à savoir, ça.

BERNIE

– Je trouve que ça fait couleur locale.

GEOFFREY MOLSON |
ENTREVUE « UNE P'TITE BIÈRE »

ANDRÉ DUCHARME: «On a fait une variante de l'entrevue de Landry avec le nouveau propriétaire du Canadien. Cette fois-ci, les symboles étaient nombreux. Monsieur Molson voulait rapprocher l'équipe de ses *fans*, mais c'était aussi le patron anglophone qui prenait une p'tite bière avec deux francophones. Et la bière symbolisait l'importance de la famille Molson, de son produit et du Canadien dans l'histoire de Montréal et du Québec.»

GEOFFREY MOLSON

– Quand y reste plus de bière à la maison, je l'achète à l'épicerie, comme tout le monde.

GUY

– Au dépanneur?

GEOFFREY MOLSON

– Oui.

GUY

– Et allez-vous reporter vous-même vos bouteilles vides?

GEOFFREY MOLSON

– Oui.

DANY

– Y est parfait!

« Y A JUSTE LES FOUS QUI CHANGENT PAS D'IDÉE !»

Dès le début, *Tout le monde en parle* a fait événement. Tout le monde en parlait et beaucoup de monde regardait : 1 603 000 téléspectateurs pour la première émission, 2 151 000 à la deuxième. Une moyenne de 1 814 000 pour la première année.

Dans les journaux du matin, autour des machines à café, lors des tribunes téléphoniques le midi, TLMEP était LE sujet du lundi, et plus si controverse. Si la plupart des artistes étaient pressés de profiter de cette exceptionnelle vitrine, les acteurs de l'actualité étaient souvent plus réticents. Pourquoi ? Pour plusieurs raisons : peur du montage (l'excuse la plus souvent invoquée dans les premières années), peur qu'un invité-surprise ne surgisse des coulisses pendant leur entrevue, crainte de se retrouver aux côtés d'un invité controversé (par exemple, Raël – on peut comprendre), peur de manquer d'esprit ou de ne pas avoir le sens de la répartie (autant qu'un humoriste, par exemple), peur de ne pas être à la hauteur des attentes de leur équipe de promotion, de leur agence, des producteurs, etc. Une contre-performance peut coûter cher.

Les producteurs et les agents insistent beaucoup auprès des attachés de presse – qui font pression à leur tour sur les recherchistes – pour qu'un artiste passe à TLMEP. Certains producteurs peuvent même promettre une prime à leurs attachés de presse s'ils réussissent à *booker* un de leurs artistes à l'émission. La pression est énorme, et les artistes le savent. Mais c'est surtout le style des animateurs, plus caustique pendant les premières saisons, qui tenait à distance certains acteurs de l'actualité.

DENISE | BOMBARDIER

Plusieurs personnalités ont refusé de venir pendant des années, et la plupart ont fini par dire oui. Un exemple ? Denise Bombardier. Elle se vantait d'avoir été invitée et, surtout, d'avoir refusé nos invitations. En 2011, elle a changé d'idée. Pourquoi ? Parce que, nous avait-elle expliqué alors, l'animateur avait changé avec le temps et qu'il s'était «humanisé».

GUY
– Vous avez critiqué *Tout le monde en parle*, vous êtes ici ce soir.

DENISE BOMBARDIER
– Hmmm.

GUY
– C'est juste les fous qui changent pas d'idée ?

– Je vais vous dire une chose, puisque nous allons parler de notre histoire : quand j'ai dénoncé la langue d'un certain nombre d'humoristes et que vous avez eu ces propos malencontreux à mon endroit...

DANY
– Qu'est-ce t'as dit ?

GUY
– On s'en souvient !

Pour ceux et celles qui ne s'en souviennent pas, en 2005, en plein Gala Les Olivier, Guy avait répondu à Denise Bombardier, qui avait critiqué la pauvreté de langage des humoristes, avec ces mots : « Qu'a mange d'la marde. »

Six ans plus tard, sur notre plateau, ils avaient scellé leur réconciliation par un baiser. Denise Bombardier était même revenue la saison suivante pour faire la promotion d'un autre livre : *Vieillir avec grâce.*

BERNARD | LANDRY

ANDRÉ DUCHARME: « TLMEP en était à ses débuts. Je me retrouve par hasard dans un resto de la Rive-Sud, en famille, en même temps que Bernard Landry et Chantal Renaud. Monsieur Landry était alors chef du Parti québécois, et on essayait de le convaincre depuis longtemps de participer à l'émission, sans aucun succès. On se salue de la tête et, vers la fin de son repas, il se lève avec un grand sourire et vient me serrer la main. Je lui dis alors : "J'espère que l'on vous verra bientôt à *Tout le monde en parle*. Je travaille avec Guy A. Lepage sur l'émission." Il a aussitôt changé d'air et il a retiré sa main en me disant : "Je ne crois pas participer un jour à ce genre d'émission." Puis, il est retourné rapidement s'asseoir. Mon fils de 12 ans est parti à rire en me disant : "Wow, papa, tu viens de te faire envoyer chier par l'ancien premier ministre du Québec !"»

Bernard Landry est venu à quatre reprises, y compris pour accompagner sa conjointe, Chantal Renaud. Il faut croire qu'il avait pris goût « à ce genre d'émission ».

VICTOR-LÉVY | BEAULIEU

Après le passage de Guy Fournier à *Tout le monde en parle*, Victor-Lévy Beaulieu avait, dans une lettre incendiaire publiée dans *L'aut'journal*, comparé Guy au Grand Inquisiteur et à Ponce Pilate.

L'animateur avait répliqué, dans *La Presse*, avec une plume plus acide encore : « Puisque le fasciste est associé directement au nazi, au phalangiste et autre despote, et qu'à mon sens, rien de cela ne me convient, je tiens juste à préciser qu'il n'y a rien de plus pathétique qu'un écrivain qui ne connaît pas le sens des mots. »

Deux ans plus tard, il faut croire que VLB a été tenté par le bûcher de sa propre vanité puisqu'il a fait une apparition sur le plateau de la célébrité. Il est vrai qu'il se présentait comme candidat indé-

Victor-Lévy Beaulieu

pendant indépendantiste et menait sa campagne électorale seul. Peut-être avait-il besoin des médias pour faire passer son message. Comment a-t-il expliqué son changement de cap ? De façon assez laconique :

VICTOR-LÉVY BEAULIEU
– Il paraît qu'il y a juste les fous du roi qui ne changent pas d'idée.

Avec le temps, les animateurs ont mûri et, de leur propre aveu, ils ont été émus par les témoignages poignants de personnes en fin de vie comme Nancy Mawn, Vickie Gendreau ou Georges Thurston (dit Boule Noire), marqués par le courage de Pierre Lavoie, de Marie-Sol St-Onge ou du général Roméo Dallaire, et ébranlés par les ex-otages Reza ou Ingrid Betancourt. L'empreinte de ces entrevues à caractère humain a fait évoluer le ton de l'émission et le style des animateurs.

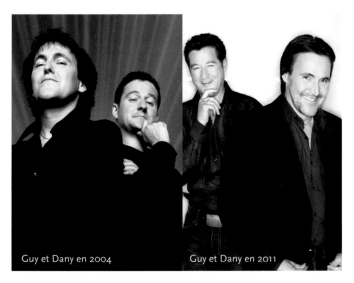

Guy et Dany en 2004   Guy et Dany en 2011

Si certaines *stars* de l'actualité ont fini par accepter notre invitation, d'autres ont demandé énormément de persévérance de la part de l'équipe, y compris de Guy. Les animateurs avaient beau « s'humaniser » en vieillissant, le montage avait beau ne plus être une excuse (Guy avait fait ses preuves), il restait toujours quelques irréductibles. Voici comment trois d'entre eux ont finalement changé d'idée, et aucun d'eux ne semble l'avoir regretté, nous avouant avoir passé un bon moment en notre compagnie. Guy Lafleur, pourtant le plus réticent, est même revenu sur notre plateau un an plus tard.

GUY | LAFLEUR

GUY: «Quand un invité se fait tirer l'oreille, je lui téléphone personnelle- ment. Parfois, ça marche après plusieurs essais (René Angélil, Guy Laliberté, Guy Carbonneau, Jacques Duchesneau), parfois ça se passe plutôt mal, comme quand Guy Lafleur m'avait répondu très froidement "Non, ça ne m'intéresse pas!" et qu'il avait raccroché. Se faire déboulonner par une idole, c'est assez dur sur l'es- time personnelle. Il a fallu que Guy Lafleur travaille avec ma blonde, Mélanie, sur le tournage de sa biographie en DVD pour que le chat sorte du sac. Elle lui a demandé pourquoi il refusait de passer à TLMEP. Ne sachant pas que Mélanie était ma blonde, Lafleur avait dit : "J'ai pas le goût d'aller là pis de me faire faire des *jokes* sur mon fils pis mon procès. Je les *truste* pas, je vais me faire niaiser." Et Mélanie avait répondu : "Je pense que si tu passais à TLMEP, mon *chum* ferait très attention à toi."

— C'est qui, ton *chum*?

— C'est Guy A.

Guy Lafleur est venu à TLMEP, sur recommandation de Mélanie, et ça s'est très bien passé. Il est même revenu à une autre occasion, il m'a signé un beau bâton de hockey de collection et, aujourd'hui, nous nous revoyons avec plaisir. Merci, ma blonde. Merci, Guy! Guy! Guy!»

JOHN GOMERY

Nous avions tout essayé pour convaincre le juge John Gomery d'accepter notre invitation. Après avoir multiplié les tentatives et usé des arguments les plus honorables, nous étions sur le point d'abandonner la partie. Alors à la retraite, l'auteur du rapport sur la commission Gomery, qu'il avait présidée sous les feux de la rampe, nous avait avoué ne pas se sentir à l'aise de participer à une émission devant un public qui l'applaudirait et de faire face aux badineries des animateurs. Tout cela le gênait terriblement.

Cela dit, le rapport sur lequel l'honorable juge avait tant travaillé disparaissait lentement sous la poussière de l'oubli. Nous étions convaincus que ça ne plaisait pas du tout à son auteur. Nous avions donc laissé un long message en ce sens, chez lui, sur son répondeur téléphonique. Sa femme l'a écouté et elle a été convaincue par nos arguments et notre délicatesse. Monsieur Gomery a donc accepté de venir sur notre plateau grâce à son épouse !

JEAN CHRÉTIEN

À la parution de son livre *Passion politique*, Jean Chrétien, l'ancien premier ministre du Canada, songeait à la possibilité de participer à TLMEP, mais il voulait d'abord une rencontre en privé avec la rédactrice en chef, c'est-à-dire moi-même. Un rendez-vous a donc été pris dans un hôtel chic de Montréal. Je l'attendais dans sa suite, nerveuse, révisant les arguments en chassant de mon esprit de petites questions qui tuent : « Où mettre ma sacoche ? Comment entamer la discussion ? Comment m'asseoir ? Quand me relever ? Comment quitter la pièce ? »

Finalement, la rencontre a été des plus cordiales, l'ancien premier ministre du Canada me racontant avec enthousiasme des anecdotes et des petites histoires de sa grande histoire. Mais l'entretien a pris fin sur cet avertissement : « Je connais l'émission et le ton baveux des animateurs. Ça ne me fait pas peur. J'ai l'habitude en Chambre, et je peux être ben bon là-dedans. Mais j'en veux pas de ça. De toute façon, s'ils m'écœurent, je vais les écœurer. J'ai beaucoup d'expérience là-dedans. Mais je n'ai pas envie de me faire écœurer. J'ai votre parole ? » Je la lui ai donnée et je ne l'ai pas regretté.

DANY [À JEAN CHRÉTIEN, À PROPOS DE L'HOMME ENTRÉ PAR EFFRACTION CHEZ LUI]
– Mais vous n'auriez pas demandé ses motivations avant de lui arracher la tête ?

JEAN CHRÉTIEN
– Pas dans les circonstances. Quand quelqu'un a un couteau, il vient pas là pour mettre du beurre sur ton pain.

DIANE, QU'EST-CE QU'ON BOIT ?

GUY: « Dans l'émission originale, on servait du vin en coulisses, et les invités buvaient de l'alcool blanc dans des verres opaques. C'est la loi à la télé française: pas de *boésson*. Puisque rien ne l'interdit ici, j'ai eu "l'idée" d'en servir ouvertement. »

On boit donc du vin commandité qui doit être en vente à la SAQ, qui coûte moins de 20 $, et qui est conseillé par un sommelier. Pour les grandes occasions, par exemple, l'émission de fin d'année, on sort le champagne, mais jamais, au grand jamais de beaujolais: notre animateur trouve que ça goûte la *balloune* !

En dix ans, nous avons reçu 1987 invités, qui, chaque semaine, se partagent avec le public et l'équipe quatre caisses de 12 bouteilles de vin. Multipliez par 244 émissions, ça fait une décennie bien arrosée! À *Tout le monde en parle*, la spécialiste du vin, c'est Diane Piotte, notre régisseuse de plateau, mieux connue sous le nom de « Diane, qu'est-ce qu'on boit ?» !

« Guy voulait que je sois en ondes, comme la régisseuse d'Ardisson, explique-t-elle. Il trouvait sympathique de voir les gens de la production et de la technique à l'écran. Il m'a alors demandé si ça me tentait de présenter le vin chaque semaine. Comme j'avais déjà suivi un cours de dégustation de vin, je me suis dit "Pourquoi pas ?", même si je suis de nature un peu timide. Je me disais que, de toute façon, il n'y a pas tant de monde que ça devant leur téléviseur le dimanche soir! Mais après seulement une diffusion de TLMEP, j'avais rebaptisé l'émission *Tout le monde m'en parle* ! En fait, j'oublie que les gens me reconnaissent et ils me le rappellent toujours de façon très sympathique. Ils se souviennent très bien de ma grossesse et il ne se passe pas une journée sans qu'on me demande comment va mon "bébé", même si Florence a sept ans aujourd'hui!» Le studio de photo Magenta a même choisi Diane comme ambassadrice pour illustrer un de ses calendriers, dont les profits sont versés aux hôpitaux pour enfants.

Évidemment, Diane ne fait pas que servir le vin. C'est elle qui fait le lien entre la régie (la réalisatrice et son assistante) et le plateau (les animateurs, les invités et les techniciens). «Je dis souvent que le réalisateur, c'est comme le capitaine du bateau, l'assistante à la réalisation est son bras droit, et le régisseur est son bras gauche, ses yeux, ses oreilles et sa voix sur le plateau. Je dois faire en sorte qu'on perde le moins de temps possible entre les entrevues. Si je laissais tout le monde jaser à la pause technique, la soirée serait encore bien plus longue!»

MAUDITE | BOISSON!

GUY [À CHRISTIAN BÉGIN]
- Télé-Québec ramène *Curieux Bégin* à l'antenne l'automne prochain. Vas-tu boire autant?

CHRISTIAN BÉGIN
- Absolument. Au-delà du fait que c'est devenu une espèce de *running gag*, moi, je suis un être éminemment festif, tu le sais.

On ne fume peut-être plus au petit écran, mais on boit, par exemple! Du vin sur le plateau de *Tout le monde en parle*, sur le scooter de Christian Bégin et dans la cuisine de Josée di Stasio, devant l'aquarium de Josélito Michaud et aux *Bobards* ou *Chez Roger* lorsque Christiane Charette y enregistrait son émission. C'est peut-être convivial, mais ça peut aussi détendre certains invités un petit peu trop...

GUY [À STÉPHANE ROUSSEAU]
- As-tu déjà travaillé dans un état bizarre, à part la dernière fois où t'es venu à *Tout le monde en parle*, là.

STÉPHANE ROUSSEAU
- C'est un souvenir que j'essaie d'oublier.

DANY
- Veux-tu un petit verre de vin?

STÉPHANE ROUSSEAU
- Non, je bois pus à *tévé*.

EN 10 ANS :

244 ÉMISSIONS X
4 CAISSES DE 12 BOUTEILLES
11 712
BOUTEILLES

Louis-José Houde est un autre habitué de l'émission qui a appris d'expérience que plateau et alcool ne font parfois pas très bon ménage. «À ma première apparition, en 2004, j'avais eu de la difficulté à doser ma consommation de vin, se souvient l'humoriste. Je crois que TLMEP fut la première émission à lancer la mode de boire du vin en ondes au Québec. Du moins, je n'avais jamais encore participé à une émission "alcoolisée". Ne sachant pas, à l'époque, que le tournage allait durer cinq heures, je m'étais donné joyeusement dans le pinot et, à la fin, j'ai eu toute la misère du monde à formuler une phrase cohérente à Martin Brodeur, un athlète que j'admire. Aujourd'hui, j'anticipe mieux et me mets à boire seulement quand ça devient un peu plate!»

PITON ET CLAVIER

MANON, | PÈSE SU'L'PITON !

Thierry Ardisson avait le magnéto de Serge, Guy A. Lepage a le piton de Manon. «Magnéto, Serge» ou «Manon, pèse su'l'piton», c'est un signal à la régie pour montrer un extrait en studio. Véronique Cloutier a été la première à regarder la caméra et à dire à la réalisatrice Manon Brisebois: «Manon, pèse donc su'l'piton!»

«Encore aujourd'hui, raconte Manon Brisebois, lorsque Guy dit mon nom, j'ai le sentiment qu'il s'adresse vraiment à moi, contrairement aux autres émissions que je réalise, où l'animateur dit "on écoute" ou "on regarde". Le résultat est le même, mais le fait d'être interpellée crée une relation plus proche avec Guy. Les premières fois, j'étais nerveuse. J'avais l'impression que tout le monde me regardait, comme s'il y avait un spot sur moi. Je n'ai pas l'habitude, car lorsqu'on réalise, on est dans l'ombre.»

«Manon, pèse su'l'piton» est devenue une expression populaire du jour au lendemain. Même si certaines Manon n'apprécient pas de se faire apostropher par un «Manon, pèse su'l'piton» rempli de sous-entendus salaces, d'autres aiment bien cette reconnaissance publique. Manon Gazé est assistante à la réalisation pour un autre réseau de télévision (dont nous tairons le nom, mais qui, comme le dit si bien Guy, commence par un T, finit par un A et a un V au milieu): «Quand tu t'appelles Manon et que tu approches la cinquantaine, nous dit-elle, on te chante toujours *Manon vient danser le ska*. Lorsque Guy est arrivé avec son "Manon, pèse su'l'piton", j'avoue que ça faisait changement, mais aujourd'hui, on dirait que je suis la seule à avoir remarqué qu'il dit seulement "Manon". Pourtant, on me fait le gag encore régulièrement.»

La «vraie» Manon, elle, vivait assez bien avec cette notoriété inattendue. Jusqu'à ce qu'un célèbre cinéaste français l'approche. Nous sommes en 2012. Réalisateur du *Fabuleux destin d'Amélie Poulain*, Jean-Pierre Jeunet assiste incognito au tournage de TLMEP pour se documenter sur une scène de son prochain film, *The Young and Prodigious T. S. Spivet*. Juste avant de partir, il dit à Manon qu'il adore sa façon de bouger quand elle découpe, sa manière de claquer des doigts pour donner ses directives à l'aiguilleur et comment son corps réagit à ce qui se passe sur le plateau.

Flattée, Manon ne sait pas qui est son admirateur. D'où sa stupéfaction quand, quelques semaines plus tard, la production du film de Jeunet lui propose de superviser l'actrice qui interprète une réalisatrice télé. Elle accepte. Finalement, Jeunet change d'idée et décide que Manon jouera son propre rôle! De nature réservée, elle est sous le choc.

Sur le plateau de tournage, nouvelle surprise: le décor de la régie de télévision ne comprend aucun écran! «Je capotais, raconte-t-elle. Je n'avais aucune idée de la scène à tourner. Je devais donner mes directives devant un mur vert. J'étais tellement nerveuse. Je ne savais absolument pas ce que je devais faire! Quand Jeunet est venu vers moi, il m'a dit de faire comme d'habitude. J'ai donc essayé de recréer ce qu'il avait vu et aimé de moi, mais il ne me disait pas grand-chose. Puis, des gens de l'équipe ont lancé: "Hey, c'est 'Manon, pèse su'l'piton'!", et ça l'a fait rire. Il demandait autour de lui: "Qu'est-ce qui se passe? Elle est connue?"»

Manon Brisebois et Jean-Pierre Jeunet

Manon s'est détendue, le réalisateur lui a donné ses directives, et tout s'est bien déroulé. Mais, à ce jour, Manon n'a toujours pas vu *The Young and Prodigious T. S. Spivet*. Elle ne sait donc pas si elle a été coupée au montage!

GUY AIME | LES CLAVIERS

Il aime les claviers pour écrire (sur ordinateur, téléphone, iPad et sur tout appareil avec une touche réceptive à ses idées), pour tweeter, pour faire jouer de la musique.

Dès la première émission de TLMEP, Guy a utilisé son indispensable clavier. On y trouve:

— Les extraits des chansons pour accueillir les invités.

— Les extraits entendus lors des *medleys*.

— La musique pour les retours de pause.

— Des citations audio, par exemple, des commentaires de Jeff Fillion ou de Guy Fournier.

— Des extraits de chansons récurrents comme *Libérez-nous des libéraux*, de Loco Locass; *Le cœur de mon pays*, des Scarabées (avec leur célèbre «Je l'aime, mon pays, je l'aime»); *Chante la la la*, de René Simard; *Ce soir, l'amour est dans tes yeux*, de Martine St-Clair, ou *Tu t'en vas*, d'Alain Barrière.

— Le poudoumdish des jeux de mots.

— La musique de film de peur pour la question qui tue.

— Le son nasillard et agressant pour la question des recherchistes filles.

— Le son «ouin, ouin, ouin, ouin» pour la question mononcle Guy.

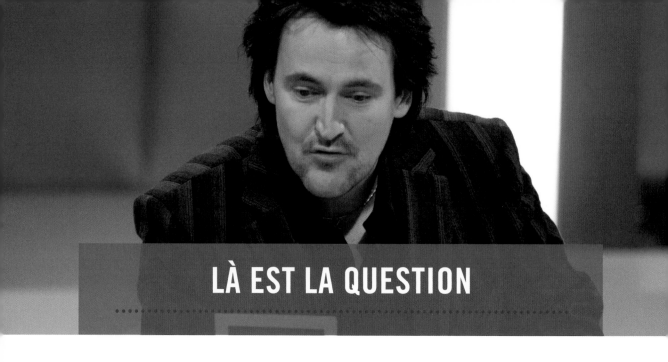

LÀ EST LA QUESTION

GUY [À ANNE DORVAL]

LA QUESTION DU JOURNALISTE-STAGIAIRE : EST-CE QU'ON DIT ANNE DORVAL OU ANNE PIERRE-ELLIOTT TRUDEAU ?

GUY [À ALEXANDRE DESPATIE]

LA QUESTION JOSÉLITO : ES-TU TANNÉ QUE LES GENS T'AIMENT POUR TON CORPS ?

Dans l'émission originale, Thierry Ardisson avait «la question qui tue», «la question à 2 balles» et «la question du public». Nous n'avons gardé que la populaire «question qui tue», posée pour la première fois à la dixième émission, à Françoise David.

GUY
– Vos boucles d'oreilles, c'est-tu des cadeaux ?

Le but de cette question ? Créer un bref sentiment d'insécurité chez l'invité, qui ne sait absolument pas à quoi s'attendre. Guy dit : «La question qui tue», soudain, le studio s'assombrit, une musique sortie tout droit d'un film de peur emplit les lieux et l'invité se raidit. Le public retient son souffle. On attend LA question. Ça peut être une question piège, une façon de rire d'un trait de personnalité de l'invité ou de mettre en relief une situation plus embarrassante...

GUY [À LINO ZAMBITO]
– Depuis la faillite d'Infrabec en 2011, vous êtes devenu restaurateur et possédez une pizzéria. La question qui tue: ça coûte combien mettre des extras sur votre pizza ?

Assez rapidement, d'autres catégories de questions ont été ajoutées. Certaines ont (heureusement) disparu et d'autres sont devenues des classiques de TLMEP, comme la question jeu de mots. Guy est un maître du jeu de mots – qu'il soit bon ou mauvais n'a aucune importance. Ce talent inné, qui fait le bonheur de l'équipe, ne pouvait pas rester dans le bureau. Il fallait que tout le monde en parle...

Les Denis Drolet

Les Denis Drolet étaient venus présenter *Chants de Plume*, un disque sur lequel ils reprenaient 12 succès de Plume Latraverse :

GUY

– Est-ce que vous vous plûtes à faire ce disque autant que nous nous plûmes à l'écouter ?

LES DENIS DROLET

– Nous nous plûtes en *tabarnak*.

GUY

– La question jeu de mots : allez-vous vous remplumer avec ce disque-là ?

Un autre genre de question que les recherchistes filles aimeraient voir disparaître : la question des recherchistes filles, avec le son de poulailler qui l'accompagne.

GUY [À MICHÈLE DIONNE]

– Carla Bruni, c'est-tu vrai qu'est pas belle en personne ?

Pourquoi est-ce qu'on voudrait qu'elle disparaisse ? Parce qu'aucune de ces questions-là ne vient des recherchistes filles. Même pas celle-là.

GUY [À JESSICA PARÉ]

– Jon Hamm incarne Don Draper, le personnage principal de la série *Mad Men*. Considéré comme un *sex-symbol*, Jon Hamm est un des acteurs les plus en vue aux États-Unis. T'as tourné quelques scènes très intimes avec lui. La question des recherchistes filles : pis ?

JESSICA PARÉ

– C'est sûr que c'est un comédien vraiment génial.

Pour faire plaisir aux recherchistes filles, Guy a ajouté la question «mononcle Guy». C'est du moins ce qu'il donne comme explication. En réalité, il ne peut s'empêcher d'avoir des réflexions de mononcle. Quand ça lui arrive, André Ducharme répète invariablement, sans que Guy l'entende : «Faut pas qu'il sorte de ses cartons.» Je me dis : «Oh non, il ne va pas faire ça !» Et sur le plateau, Dany soupire. Mais Guy recommence.

GUY [À LUC LANGEVIN]

– Peux-tu faire apparaître des filles dans ton lit ?

DANY

– Mononcle Guy !

Jessica Paré

LA QUESTION QUI TUE DE GUY À...

... DENISE BOMBARDIER

[À propos d'une entrevue avec Dany Laferrière] Madame Bombardier, vous, vous aviez l'air émoustillée, la question qui tue: après cette entrevue, avez-vous fait l'amour avec un nègre sans vous fatiguer?

... MONIQUE JÉRÔME-FORGET

Le Parti libéral du Québec devra se choisir un nouveau chef dans les prochains mois. La course se jouera entre Philippe Couillard, Raymond Bachand et Pierre Moreau, des anciens collègues que vous avez bien connus. La question qui tue: lequel ferait le meilleur chef du Parti libéral?

... CLAUDE LEGAULT

[assis entre Lucian Bute et Jean Pascal] La question qui tue: tu prends pour qui?

... DANY LAFERRIÈRE

Tu dis: «La mère de l'écrivain est si souvent mise à contribution qu'elle devrait exiger un contrat particulier avec l'éditeur.» La question qui tue: tu dis que tu exploites le pétrole de ta famille. Est-ce que tu lui payes des redevances?

... LOUIS MORISSETTE

Louis, la question qui tue: [l'émission] *La télé sur le divan*, est-ce que tu regarderais ça si tu la produisais pas?

LA QUESTION JEU DE MOTS DE GUY À...

... L'UFOLOGUE FRANÇOIS BOURBEAU

Quand on voit un ovni, comment fait-on la différence entre un vrai et un UFO?

... KEN PEREIRA

Ken, votre témoignage à la commission Charbonneau est maintenant fait. Avez-vous un plan de match ou c'est «advienne que Pereira»?

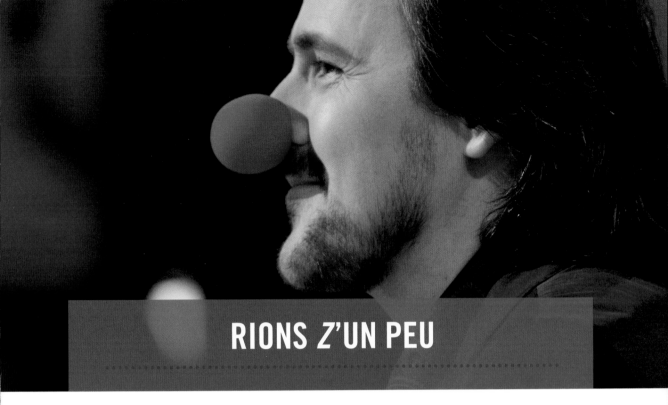

RIONS *Z'*UN PEU

Guy aime bien faire rire. Ça tombe bien : l'équipe de *Tout le monde en parle* est très bon public. Voici quelques exemples de l'humour, aussi fin que désopilant, de notre animateur préféré.

Si monsieur Desmarais avait adopté deux petites filles japonaises, quels auraient été leurs prénoms ? Yassatotoki et Yamamotoki. Quel est le prénom de la sœur de Marie-Paul Ross, religieuse et sexologue ? Anouk. Et celui du frère du Dr Stanley Vollant ? Ballon, bien sûr. Sans oublier leur cadet, Alcolo (contribution exceptionnelle d'André Ducharme), et leur petite sœur, évidemment volante.

Selon André Ducharme, les jeux de mots poches avec les noms de famille datent de l'époque universitaire des membres de RBO. Ils sont restés très jeunes : quand il a été question d'inviter Audrey Tautou, Guy a demandé, chaque fois que l'occasion se présentait, pendant une (très) longue semaine : « La sœur de Jappy ? » (Les moins de 40 ans sont priés de faire une recherche Google avec les mots-clés « Jappy » et « Tou-

tou ».) Quand nous avons proposé d'inviter Shakira, Guy nous a répondu : « Shakira bien qui Shakira le dernier ! »

Après *L'auberge espagnole* et *Les poupées russes*, Cédric Klapisch présente le dernier volet de sa trilogie, *Casse-tête chinois*. Guy propose le titre de son prochain film : *Le Bhoutan train* ou *Kyoto ou tard*. Et André se surpasse avec *Paris-ci la sortie*.

Ça ne vole jamais plus haut que ça. Chaque fois, ça fait rire. Et chaque fois, Guy est content. Ça fait dix ans que ça dure.

LES P'TITES
CARTES

Espérées ou redoutées par les invités, les cartes de Dany ont rapidement été attendues par les téléspectateurs. En dix ans, Dany en a distribué 1066, soit une moyenne de trois cartes par émission.

 **DANY:** «Ce que j'aime le plus dans cette tradition? La carte me donne souvent le dernier mot!

Dans l'émission française originale, elles étaient remises à l'occasion, mais dans notre version, c'est devenu une tradition. Les invités qui n'en reçoivent pas m'en parlent toujours! Qu'ils soient universitaires, artistes, sportifs ou politiciens, ils me regardent avec un œil enfantin et déçu en me disant: "J'ai pas eu de carte, moi?"

Je me fie à mon inspiration pour choisir qui en reçoit une! Certaines personnes, par leur profil de carrière ou de personnalité, ont moins d'angles humoristiques. Les invités anglophones en reçoivent rarement parce que, la plupart du temps, la traduction tue littéralement l'humour. La carte hommage est plus dure à écrire parce que ça devient facilement fleur bleue. Et celle pour les invités qui ont vécu de grands drames n'est pas facile

non plus. Il y a des situations dans la vie où il n'y a tout simplement pas de mots.

Trois jours avant l'enregistrement, je deviens obsédé par la recherche d'idées pour les cartes. Je me réveille la nuit en y pensant. Où que je sois, même en ski, j'ai toujours mon carnet de notes avec moi. Parfois, l'angle de la carte me saute aux yeux, parfois je bûche. Une carte peut me prendre cinq minutes ou quatre heures. Les meilleures sont celles qui viennent spontanément. Parfois, je suis particulièrement fier d'une carte, je la remets à l'invité, le cœur battant d'espoir, puis l'invité bafouille en la lisant et le punch est *scrappé*. Une demi-journée de travail gaspillée!

Dans les cartes dont je garde un mauvais souvenir, il y a celle que j'ai donnée à Normand Lester, une carte méchante et gratuite, une attaque physique totalement déplacée et que je regrette. Il travaillait alors à TQS, surnommé «Le mouton noir» de la télé, et la carte se lisait comme suit: «On connaît maintenant le secret du mouton noir, il est sur votre tête et il ne bouge pas beaucoup!» Outch!

EN 10 ANS:

1066
CARTES ONT ÉTÉ DISTRIBUÉES

3
CARTES PAR ÉMISSION, EN MOYENNE

CARTE XENIA CHERNYSHOVA (FEMEN)

Si on se met à sortir tous les totons de l'Assemblée nationale, à la fin il ne restera que le crucifix.

CARTE CLAUDE LEGAULT

Bien hâte de voir comment, dans ton rôle en fauteuil roulant, tu trouveras encore le moyen de te montrer tout nu.

CARTE GÉNÉRAL DALLAIRE

Autant je comprends votre désespoir d'avoir serré la main du diable, autant je vous demande de comprendre ma fierté d'avoir serré celle du général Roméo Dallaire!

CARTE RICHARD DESJARDINS

Voici la toute première carte à lancer de *Tout le monde en parle*.
Allez, Richard, fais-toi plaisir.

CARTE *L'ITINÉRAIRE*

Il est beaucoup plus sage d'investir trois dollars dans un journal de rue qu'une piastre dans un journal de cul !

CARTE MARC LAURENDEAU

J'imagine que quand on est le conjoint de l'animatrice de *24 heures en 60 minutes*, des petites vites, on connaît ça.

CARTE VINCENT GUZZO

Au fond, la philosophie Guzzo, c'est simple. Plus les films sont vides, plus vos poches sont pleines!

CARTE ISABELLE GASTON

Si je ne trouve pas les mots pour décrire toute l'indignation que votre histoire m'inspire, voici ceux qui me viennent en pensant à vous : compassion, réconfort, force, solidarité, affection.

Dany Turcotte et Isabelle Gaston

Aujourd'hui, Dany est tellement associé à ses cartes qu'il en a même déjà reçu une en plein ciel.

DANY

– Je suis allé faire du parachute. Juste avant de sauter, j'étais accroché après la carlingue, et il y a quelqu'un qui a dit: «J'ai une petite carte pour toi.» Là, il m'a donné la carte, où c'était écrit:

«J'espère que ton parachute va s'ouvrir!»

Si la majorité des cartes font plaisir, certaines ont vraiment fait du bien à leur destinataire, comme celle remise à Isabelle Gaston. Exceptionnellement, Dany s'était levé, il lui avait donné sa carte, puis l'avait serrée dans ses bras.

DANY

– J'ai une petite carte pour vous. J'ai le goût d'aller vous la livrer.

ISABELLE GASTON

– Oui, merci. J'avais accepté parce que...

GUY

– Pour avoir une carte?

ISABELLE GASTON

– Oui, pour avoir une carte.

Pour ce livre, Isabelle Gaston a gentiment accepté d'écrire ce texte, où elle rend hommage au fou du roi et le remercie:

Quand j'ai accepté d'aller à *Tout le monde en parle*, je l'ai fait par conviction. Bien que je sois une battante, je tremblais intérieurement. Savoir que Dany serait là me calmait énormément. Sa présence se compare à une main sur ton épaule qui te fait du bien et qui te soutient dans la bataille à laquelle tu crois. Guy A. Lepage fonce avec ses questions et Dany tempère. Selon moi, Dany possède une très grande intelligence émotionnelle, qui lui permet de sentir les gens. De plus, il sait jouer avec les mots, et son humour est souvent fin et subtil, sans être trop sarcastique.

Recevoir une carte de Dany était pour moi un immense privilège. Mon cœur battait très fort quand je l'ai lue, mais il a su trouver les mots qui m'étaient nécessaires à l'étape de vie à laquelle j'étais rendue. En plus, ce court laps de temps entre la fin de l'entrevue et la lecture de la carte m'a permis de faire une pause, pour me dire: «C'est fait. Maintenant, lâche prise et accepte cette dose d'amour qu'on t'envoie.» Le cerveau s'est tassé et le cœur a pris la relève.

– Isabelle Gaston

LA | CARTE-CADEAU

Pour l'émission de la fin d'année 2008, Dany a eu l'idée de remplacer les traditionnelles cartes par des cadeaux personnalisés – et même parfois empoisonnés ! De fou du roi, il s'était transformé en père Noël.

Un peu plus tôt dans la saison, Dany avait relevé le défi de manger des vers à soie lors de l'entrevue de l'animateur Benoît Gagnon. Il avait alors dit à Pauline Marois, présente sur le plateau :

> DANY
> – Si je produis un foulard, je vous le garde.

Et il avait tenu parole. Il lui avait remis un foulard lors de l'émission de fin d'année. On ne sait pas s'il était de sa fabrication ou non...

À une autre occasion, Dany a offert le livre de Julie Couillard à... Julie Couillard. Pourquoi lui donner son propre livre ? « Je me suis dit que si vous ne l'avez pas écrit, vous allez pouvoir le lire », lui avait répondu Dany !

Lors d'une bagarre générale entre les Remparts de Québec et les Saguenéens de Chicoutimi, le gardien de but Jonathan Roy avait traversé la patinoire pour rouer de coups Bobby Nadeau, gardien de but de l'équipe adverse, qui avait refusé de se battre. Les images de cette altercation avaient fait le tour du pays. Dany a donc offert le tout nouveau CD de Jonathan Roy à Bobby Nadeau, accompagné de cette mise en garde :

> DANY
> – Tu l'écouteras. Tu vas voir, ça fesse !

Alexandre Despatie

LA MAUDITE | CARTE

Si la carte tant convoitée est généralement perçue comme une consécration, elle peut aussi heurter des sensibilités, comme, par exemple, les *fans* d'Alexandre Despatie et les employés d'une certaine chaîne de restauration rapide. Dès sa première entrevue, Dany avait taquiné le jeune champion.

DANY
– Ça fait drôle de te voir habillé. C'est bizarre, on le reconnaît pas.

ALEXANDRE DESPATIE
– On me la dit souvent, celle-là : « Hey, on t'a pas reconnu, t'es habillé ! »

Avant son passage à l'émission, le plongeur olympique avait été préparé par le cabinet de relations publiques National. Il s'était exercé à répondre à des questions hypothétiques de l'animateur et à des répliques du fou du roi sur son commanditaire McDonald's. La firme avait vu juste ! Le jeune homme revenait d'Athènes avec une médaille d'argent et une quatrième place à la tour de dix mètres et venait de reprendre l'entraînement après avoir pris six semaines de repos et... dix livres !

DANY
– T'es allé chez McDo souvent ?

Quand la discussion se mit à tourner autour du corps d'Alexandre Despatie, Dany reprit de plus belle :

DANY
– Est-ce qu'on peut manger au McDonald's régulièrement, porter un Speedo, pis pas avoir l'air d'un rôti de porc en vacances ?

Avec un calme olympien, Alexandre Despatie répondait aux questions de Guy et attendait les remarques de Dany...

ALEXANDRE DESPATIE
– Entre 1998 et 2000, j'ai eu une très grosse poussée (de croissance).

DANY
– Le McDo, ça.

ALEXANDRE DESPATIE
– Y est tannant un peu !

Eh oui, tannant jusqu'au bout, quand il lui remit sa carte.

ALEXANDRE DESPATIE [À DANY TURCOTTE]
– T'es pas correct, toi.

GUY
– Qu'est-ce qui est écrit ?

ALEXANDRE DESPATIE
– Bon pour un *teen burger* chez A&W.

DANY : « Alexandre Despatie est un habitué de l'émission, et je prends toujours un malin plaisir à le taquiner. On l'a vu grandir, le p'tit ! Tout le monde aime ce jeune homme, particulièrement les employés de McDonald's. Une carte que j'ai remise à Alexandre disait : "La communauté gaie me dit de te dire que ta plus belle médaille, elle est dans ton Speedo." Scandale !

LA CARTE | CHOUCHOU

La toute première carte chouchou fut offerte à la chroniqueuse politique Chantal Hébert.

Carte Chantal Hébert :

Carte chouchou de *Tout le monde en parle*! Sur présentation de cette carte, Chantal Hébert peut se présenter sur ce plateau à tout moment sans y être invitée, comme quand Mario Dumont va revenir, et elle y sera toujours la bienvenue.

DANY : «Je me suis inspiré de la carte "bon client" de l'émission française pour mettre en place la carte chouchou. Selon des règles que j'ai moi-même inventées, je suis le seul qui a le privilège d'en donner une!»

Depuis, seulement 25 autres cartes chouchous ont été données, y compris une carte autodécernée!

Carte Dany de Dany :

Je te souhaite la bienvenue dans la prestigieuse liste des chouchous de *Tout le monde en parle*. Tu viens quand tu veux! Dis-le pas aux autres, mais c'était toi mon préféré dans le Groupe Sanguin!

Et un chouchou s'est décerné une carte!

Carte Martin Matte de Martin Matte :

Salut Martin,

C'est rare que je t'écris à toi-même. Tu as eu des ventes records avec ton spectacle, des ventes records avec ton DVD, tu as du succès, les gens t'aiment. Mais ce qu'il y a de plus beau chez toi, c'est la personne que tu es. En plus, je ne sais pas comment ils ont su que tu n'en avais pas besoin, mais tu es le seul Québécois qui n'a jamais reçu de courriel intitulé « *Enlarge your penis* ».

Les autres chouchous de l'émission sont Louis-José Houde, Patrick Huard, Normand Brathwaite, Éric Lapointe, Geneviève Borne, Marc Labrèche, Stéphane Rousseau, Véronique Cloutier, Anne Dorval, Dany Laferrière, Paul Houde, Dominique Michel, Jean Bissonnette, Céline Dion, Denise Filiatrault, Frédéric Beigbeder, Michel Therrien, Antoine Bertrand, Alain Gravel et Marie-Maude Denis, José Gaudet, Mario Tessier et Jean-François Mercier.

Véronique Cloutier

Louis-José Houde

Frédéric Beigbeder

Dany Laferrière

Céline Dion

Au fil des années, quels sont les détenteurs d'une carte chouchou qui ont utilisé leur privilège? Finalement, assez peu: Patrick Huard, Véronique Cloutier, Louis-José Houde, Martin Matte, Jean-François Mercier et Denise Filiatrault.

GUY: «J'avais dit dans une émission que ça m'énervait quand Denise Filiatrault arrivait sur le plateau avec sa carte chouchou pour *ploguer* ses *shows* au Rideau Vert en lisant sa liste de comédiens. Elle avait mal pris la chose et m'avait laissé un long message me disant que je lui avais fait de la peine en étant méchant avec elle. J'ai repensé à toutes les personnes à qui elle avait fait de la peine et je n'ai pas cru bon de la rappeler.»

DANY: «Au début, je croyais naïvement que les invités chouchous allaient nous surprendre et passer une soirée avec nous, juste pour le plaisir. C'était mal connaître la télévision et la nature humaine! Chaque fois qu'un chouchou s'est présenté sur le plateau, ç'a été dans le seul but de faire de la promotion en demandant de ne rester que le temps nécessaire! Les artistes aiment faire de la télé, mais pas "juste pour le *fun*"! Je continue à donner des cartes à des gens que j'aime vraiment en me disant que peut-être, un jour, on pourra faire une soirée thématique seulement avec les chouchous de TLMEP!»

Normand Brathwaite, quant à lui, a utilisé deux fois sa carte chouchou pour des raisons personnelles, débarquant sur le plateau pendant l'entrevue avec Geneviève Borne et pendant celle de Johanne Blouin, son ex-femme.

GUY: «Je me rappelle le regard paniqué que m'avait lancé Johanne Blouin quand Normand est arrivé. Elle a compris à mon regard tout aussi paniqué que je n'étais pas au courant. Normand, dans une démarche thérapeutique personnelle, j'imagine, était venu s'excuser des mauvais gags qu'il avait faits au sujet de son ex, à la télé.»

CARTE DOMINIQUE MICHEL
Dodo, surtout, prends ton temps. Ton dernier *Bye Bye*, on veut juste pas le voir!

Cette carte Chouchou TLMEP est personnelle et est valable sans durée de temps.
TOUT LE MONDE EN PARLE

CARTE PATRICK HUARD
Non, Patrick, tu ne rêves pas, ce que tu tiens entre tes mains est bel et bien une carte chouchou de *Tout le monde en parle*! Tu peux maintenant te présenter à tout moment sur notre plateau et tu y seras toujours le bienvenu. Cependant, à titre préventif, pense à vérifier la liste des invités avant, car plusieurs de tes ex-conjointes de fait fréquentent ce plateau régulièrement!

Cette carte Chouchou TLMEP est personnelle et est valable sans durée de temps.
TOUT LE MONDE EN PARLE

Cas unique dans l'histoire de TLMEP, la carte donnée à l'humoriste et animateur Jean-François Mercier fut la seule à avoir été demandée par... son destinataire !

JEAN-FRANÇOIS MERCIER
– Si je pouvais avoir une carte chouchou, je reviendrais chaque semaine *ploguer* mon *show*.

Dany accepta à condition qu'il enfile la combinaison hyper-moulante du skieur olympique Érik Guay, que celui-ci avait donnée à Dany pour qu'elle soit mise aux enchères pour une œuvre de bienfaisance. À la grande surprise du fou du roi, le «gros cave» voulait tellement sa carte chouchou qu'il accepta de relever le défi et, quelques instants plus tard, il revint sur le plateau, saucissonné dans son triomphe.

DANY
– Faudrait rendre hommage à la compagnie de fermetures éclair !

Aujourd'hui, l'humoriste tente de remettre les pendules à l'heure : «Je ne tenais pas tant que ça à recevoir une carte chouchou. J'ai plus l'impression que je niaisais de manière ludique. Je savais que ça serait drôle et que ça serait un bon moment (à mes dépens, évidemment). J'ai respecté ma part du *deal*. J'ai passé l'émission avec le costume. Vous aviez obtenu que je me ridiculise en échange d'une carte chouchou. C'est une absence d'honneur de rajouter la semaine suivante la partie où il fallait que je vienne déguisé pour chercher ma carte chouchou et pour l'utiliser. »

Mais la saga de la carte du «gros cave» ne s'arrête pas là. En 2011, l'humoriste se présente comme candidat indépendant lors des élections fédérales. Fidèle au principe selon lequel c'est lui, et lui seul, qui invente les règles qui régissent les cartes chouchous, Dany décide qu'un politicien, en exercice ou aspirant, ne peut pas être chouchou. Il demande donc au brigueur de suffrages de lui rendre sa carte et la découpe sous les yeux ébahis du «déchouchoutisé».

Jean-François Mercier n'est pas entièrement remis de cette humiliation publique : «J'étais malheureux quand Dany a découpé ma carte. Ou plutôt, j'étais en *tabarnak* !» N'ayant pas été élu, l'humoriste retrouva son droit de chouchou et put récupérer sa carte à la fin de l'année. « Je crois que c'est mon agente qui l'a maintenant, confie-t-il. De toute façon, je ne pense pas jamais l'utiliser. »

CARTE JEAN-FRANÇOIS MERCIER
Après l'hiver de force, voici la toute première carte chouchou de force ! Comme tu m'as soutiré cette carte en acceptant de porter un costume, tu pourras te présenter quand tu le désires sur le plateau de *Tout le monde en parle*, mais à l'unique condition de porter un déguisement ! (En passant, un nez de clown, ce n'est pas assez...) Bienvenue dans le club, vieux têteux !

Cette carte Chouchou TLMEP est personnelle et est valable sans durée de temps.
TOUT LE MONDE EN PARLE

LE MONTAGE

Guy commence le montage dans sa tête pendant les entrevues. On le voit à ses petites absences, quand il se dit : « Ça ne restera pas au montage. » Si vous n'avez jamais remarqué ces moments d'absence, c'est parce que Guy les a coupés au montage !

Dès 6 h, le vendredi matin, les opératrices au traitement de texte écoutent les trois heures et demie d'entrevues enregistrées et les transcrivent avec soin.

GUY : « Le vendredi, *verbatim* en main, j'écoute les entrevues (sans vraiment regarder les images) en procédant à des coupures sur papier. Je m'assure ainsi de respecter l'éditorial de l'invité sans être distrait par les images. Mon ratio idéal est de garder les deux tiers des questions et des réponses. En 2003, cet exercice laborieux me demandait de dix à douze heures de travail. Aujourd'hui, ça me prend six heures. »

À l'aide de multiples marqueurs de couleur, Guy effectue les coupures sur papier. Sophie Bissonnette, la réalisatrice postproduction, reçoit ces versions : « Mon rôle est de m'assurer qu'après les centaines de coupures de Guy, le téléspectateur pense qu'il regarde l'enregistrement intégral ou même l'émission en direct. » La première étape pour y arriver, c'est de prendre la version biffée, annotée et colorée de Guy pour réaliser un premier bout à bout. C'est sur cette version que Guy travaillera le lendemain.

GUY : « Le samedi, toujours avec le *verbatim* en main, je regarde les images tout en jetant parfois un coup d'œil sur les feuilles, pour effectuer le montage éditorial final. En 2003, ça prenait au moins huit heures, aujourd'hui, ça en prend la moitié. Pourquoi ? Parce que l'équipe de montage, sous la direction de l'efficace Sophie Bissonnette, est totalement rodée. Précisons aussi que l'enregistrement durait plus de six heures, alors qu'aujourd'hui, on boucle en général en quatre heures et demie. »

« Dès que Guy me remet ses notes, on commence notre travail, explique Sophie Bissonnette. Le montage consiste surtout à faire de l'enregistrement brut une émission rythmée, tout en privilégiant le contenu. Les coupures de son et les faux raccords sont corrigés. Le seul endroit où on se permet un faux raccord, c'est quand Guy sert le vin : voir Guy ouvrir une bouteille et verser du vin à chaque invité, c'est aussi long qu'inintéressant ! Une fois ce segment monté, Diane présente le vin et, quelques secondes plus tard, tous les invités ont leur verre à la main ! »

« C'est la faute au montage ! » est l'excuse le plus souvent entendue lorsqu'un invité ne s'est pas montré au meilleur de sa forme. Selon l'attachée de presse de Marie-Josée Croze, « la fatigue, le décalage horaire et le montage » expliquaient l'attitude excentrique de l'actrice sur notre plateau. Avec le temps, et grâce à la rigueur de l'équipe de montage, les invités et leur entourage utilisèrent de moins en moins cette excuse. Il est maintenant admis que l'entrevue diffusée reflète l'originale et respecte « l'éditorial de l'invité ».

Il arrive souvent que des invités soient réticents à venir à l'émission parce qu'ils craignent de ne pas être aussi drôles ou allumés que tel ou tel invité. Pour les rassurer, on leur rappelle que ceux-ci brillent souvent grâce au montage. Les hésitations, les temps morts et les cafouillages disparaissent sous le scalpel de Guy. Personne n'est aussi drôle le jeudi qu'il ne l'est le dimanche ! Soupçonné d'avoir eu à l'avance les questions de son entrevue formatée, Laurent Paquin avait dû expliquer que c'était le montage qui l'avait rendu si efficace et brillant.

En dix ans, seulement six entrevues ont été supprimées au montage ; pour des raisons juridiques (Tanya St-Arnauld, en procès contre son ex-conjoint, accusé de l'avoir aspergée d'acide), parce que l'invité ne répondait pas aux questions (Emmanuelle Seigner) ou parce que l'entrevue ne rendait pas justice à l'invité, comme celle de Pierre Lapointe, coupée en 2004. Le chanteur fut réinvité en 2005, puis en 2013, où il décrocha « l'étoile du match » décernée par le journaliste Richard Therrien !

Sophie Bissonnette et Sylvain Parenteau

Guy A. Lepage et Amélie Vincent

LE CONTI

Pendant dix ans, après l'enregistrement, l'équipe et les invités se sont donné rendez-vous au bistro Le Continental, à Montréal, aujourd'hui fermé.

GUY :
« Ça se déroule comme ceci :

·························· **23 H 30** ·····················
Les gens arrivent. Ils sont entre 6 et 20 (!).

·················· **23 H 30 À 1 H** ·················
Les invités font eux-mêmes le *débriefing* de leur entrevue. Ils énumèrent les questions et les réponses et commentent leur performance. (J'attribue ce comportement à la nervosité ressentie pendant l'entrevue.) J'appelle ça "les commentaires d'après-match". Parfois, une attachée de presse va tenter sans succès de faire retirer une réponse de son client en disant : "Me semble que ce bout-là, c'était pas intéressant, non ?".

························ **2 H** ·······················
Ne restent que les compagnons de beuverie (Sébastien, Marie-France, Mathieu, Patrice et moi-même), qui refont le monde en commandant une dernière bouteille. Parfois, un invité reste avec nous, même s'il a "une entrevue radio demain à 7 h 15".

························ **3 H** ·······················
Au moment où nous pourrions tous partir dignement, nous commandons néanmoins le verre de trop ! »

«Ces soirées sont uniques parce qu'on ne sait jamais qui elles réuniront, confie le recherchiste Sébastien Cantin, un des fidèles compagnons de beuverie de Guy! Elles sont presque à tout coup l'occasion de moments privilégiés. Partager la table d'un politicien, d'une actrice, d'un cinéaste, d'un écrivain, d'une légende de la chanson ou d'un humoriste est rarement ennuyeux. Ce mélange d'univers permet des échanges hors du temps, un formidable et trop rare espace de liberté. Pas mal, pour clore une journée au bureau! Merci aux collègues et aux invités qui permettent à ces moments d'exister. Merci à nos amis du Conti, particulièrement à Michel pour ses bons soins et sa patience, que nous avons parfois testée jusqu'à l'aube. Et un merci affectueux à Guy A. pour les délicieux pinots de l'Oregon et les nombreux verres en trop... Sans toi, ces soirées-là n'existeraient pas.»

Après un enregistrement particulièrement mouvementé, des invités nous avaient accompagnés au bistro Le Continental pour célébrer la fin de l'année. Beaucoup étaient partis tard, tandis que les autres allaient fermer la place aux petites heures.

GUY: «Un des invités est parti un peu avant les autres. Il s'est rendu à la caisse en disant: "Je vais payer la facture de Guy." Il voulait gentiment m'inviter. Le serveur a tenté de lui expliquer que ce n'était pas une bonne idée, mais l'invité a vraiment insisté. Ce qu'il ne savait pas, c'est que j'offre l'alcool et le vin à tous les invités. Il s'est ramassé avec une facture dans les quatre chiffres. Tout ça s'est fait à mon insu. Quand j'ai demandé l'addition, j'ai su que tout était payé. J'ai envoyé un texto à l'invité:

– Tu ne t'attendais pas à ça, han?

Il a stoïquement répondu:

– Non.»

LES COTES D'ÉCOUTE

Ah, la guerre des cotes d'écoute! Pour certains, elle est encore plus importante que les émissions elles-mêmes. Presque aussi capitale que le score d'une partie du Canadien de Montréal. À l'hiver 2003, le gala dominical de *Star Académie* s'imposait comme le champion inégalé avec, en moyenne, 2,4 millions de fidèles. À l'hiver 2004, ce sont 2,7 millions de téléspectateurs qui regardaient l'émission phare de TVA. C'est du monde à la messe! Dire qu'à une époque, on trouvait ça ennuyeux, la télé, le dimanche soir…

Pour sa troisième saison, *Star Académie* est déplacée à l'automne, face à TLMEP, qui a connu une excellente première année. Les quotidiens suivent de près la rivalité des deux gros canons du dimanche: *La Presse* annonce un grand duel entre les deux géants, *Le Devoir* prévoit une guerre d'écoute et *Le Journal de Montréal* s'attend à une partie de bras de fer. Dans le coin droit, Julie Snyder, et dans le coin gauche, Guy A. Lepage! Rien de moins.

À la question «Qui l'emportera dans cette guerre des cotes d'écoute?», Guy avait répondu, de façon évasive: «Qu'est-ce que tu veux que ça me câlisse, ces chicanes-là?» dans *La Presse*, et «Rien à cris-

ser!» dans *Le Journal de Montréal*. De son côté, Julie Snyder s'était contentée d'un «Je ne suis pas en compétition» confié au *Journal de Montréal*.

ÉRIC SALVAIL

– Moi, je crois pas ça, les animateurs pis les producteurs qui disent: «Ah, la cote d'écoute, c'est pas important!» Je crois pas un mot de ça. La cote d'écoute est importante. Je suis sûr que ça va être ça jusqu'à ma mort. Au salon funéraire, je vais regarder qui est là. Et combien il y avait de personnes.

Et aujourd'hui, qu'en pense Guy A. «rien à crisser» Lepage?

GUY «Une cote d'écoute n'est pas nécessairement une cote de qualité. Mais parfois, les deux variables peuvent cohabiter. Les créateurs, les artistes font leur possible pour imaginer une émission qui va fonctionner. Si ça cartonne, tant mieux, mais c'est le public qui décide. Et ce qui fait qu'une émission demeure à l'antenne ou non n'est pas qu'une histoire de cote d'écoute. Si une émission coûte très cher à produire et qu'elle n'a que (!) 800 000 de cotes d'écoute, par exemple, le diffuseur d'une grande chaîne va l'écarter au profit d'une émission plus rentable. Bienvenue dans le monde impitoyable de la télévision. »

En 2005, on s'attendait à un « grand duel entre Guy A. Lepage et Julie Snyder ». En 2011, on a même assisté à un rapprochement entre ces têtes d'affiche des deux grands réseaux. Surprenant tout le monde, même le fou du roi, Julie Snyder, animatrice du *Banquier*, productrice d'*Occupation double* et animatrice-productrice de *Star Académie*, était venue servir le champagne sur le plateau de notre émission spéciale de fin d'année.

DANY

– Mais c'est-tu la vraie ou c'est Véro qui est déguisée ?

« Si Pierre Karl arrive, je perds connaissance », avait lancé un Dany sous le choc. PKP n'était pas arrivé, Dany n'avait pas perdu connaissance, et Guy avait trinqué avec « la démone ». Beaux joueurs, les deux lurons avaient commencé l'année 2012 dans le spa de *Star Académie*.

DANY

– Écoute Guy, j'ai un aveu à faire. La semaine dernière, on est allés dans un spa ensemble à *Star Académie*. J'ai été mal toute la semaine, faut que je le dise : j'ai fait pipi dans le spa ! Et j'ai aimé ça !

Qu'on s'en sacre ou qu'elles soient sacrées, les cotes d'écoute peuvent inspirer des échanges amusants entre les vedettes des deux principaux réseaux de télévision québécoise. C'est toujours ça de pris !

DANY

– Oui, mais à TVA, tu mets une bûche en ondes pis y a 500 000 personnes qui l'écoutent.

GUY

– Imagine deux... deux bûches, le matin.

Mélanie Maynard et Julie Bélanger, les deux animatrices de l'émission *Deux filles le matin*, avaient répliqué à Guy la semaine suivante : « Avouez que certaines bûches ont l'air meilleures que d'autres. À consumer tous les matins de 9 à 10 h sur le réseau TVA. Chaleureusement, les deux bûches du matin. »

GUY

– En tout cas, pour deux bûches, elles sont allumées !

Stéphane Dion

L'INFO-
DIVERTISSEMENT

Franck Dubosc

GUY
– C'est un *talk-show* dans lequel on reçoit des gens qui sont des politiciens ou qui interviennent dans la société.

« [*Tout le monde en parle*] est une émission qui a un format intéressant et qui est différente des affaires publiques. C'est intéressant que le premier ministre puisse s'exprimer dans un contexte différent. » Alors conseillère aux communications du bureau de Jean Charest, c'est ainsi qu'Isabelle Perras avait expliqué la première participation de l'ancien premier ministre à l'émission.

Beaucoup de commentateurs et de journalistes reprochent aux politiciens de se donner en spectacle dans des émissions de variétés plutôt que de répondre aux vraies questions. La chroniqueuse politique Chantal Hébert n'est pas de cet avis. « Je crois qu'il y a de la place pour tous les genres en information, nous a-t-elle dit, et cela inclut les émissions de variétés. Surtout que des émissions de grande écoute comme TLMEP peuvent servir d'hameçon pour amener des gens à consommer davantage d'info. Il fut un temps où les téléjournaux faisaient office de grandes messes de l'information. Mais l'époque de ce genre de rendez-vous est révolue. Aujourd'hui, les gens s'informent à la carte, y compris l'auditoire de TLMEP, qui va de plus en plus piger dans le contenu pour regarder ce qui l'intéresse davantage. Dans cet environnement, nous n'avons plus les moyens d'ériger des cloisons, de décréter que les uns informent et que les autres amusent plutôt que de comprendre que nous sommes tous des véhicules de contenu. »

Une entrevue donnée dans une émission d'affaires publiques est-elle forcément meilleure que celle dans une émission de variétés ? « Ce n'est pas une question de mieux ou moins bon, mais de genre, poursuit Chantal Hébert. TLMEP n'est pas l'émission où se décortique efficacement une politique. Ce n'est pas là que j'irais comme ministre pour expliquer un virage vert comme celui de Stéphane Dion ni pour dévoiler une charte des valeurs. Mais s'il fallait avoir l'un sans l'autre, à tout prendre, l'émission d'information a une vocation qui convient mieux au contenu politique, et l'émission de variétés, au contenant politique. L'un ne va pas sans l'autre, puisqu'un politicien ou une politicienne de contenu qui n'inspire pas confiance ne vaut pas plus cher qu'un politicien ou une politicienne hyper-charismatique qui est, d'autre part, une coquille vide. Ce serait comme de dire qu'on voudrait goûter à un seul côté d'un Mini-Wheat ! »

Chantal Hébert

Qu'est-ce que ça apporte aux politiciens, de venir à *Tout le monde en parle* ? « Beaucoup de visibilité, évidemment, explique madame Hébert, et s'ils s'en tirent bien, de rendre les gens plus ouverts à leur message. Une zone de confort n'est pas essentielle en politique – Stephen Harper en est le meilleur exemple –, mais ça aide à construire des consensus – la preuve encore, *a contrario*, en est Stephen Harper. Le risque, c'est de se retrouver avec des invités susceptibles de leur poser des colles. Un cas d'espèce: celui de François Legault, en pleine campagne électorale et dont l'argumentaire sur le forage pétrolier au Québec et la relation avec le prix à la consommation avaient été complètement déboulonnés par son voisin écologiste. »

FRANÇOIS LEGAULT

– Y a deux choses dans l'oléoduc. D'abord, amener de l'énergie additionnelle au Québec. Pour moi, c'est le jeu de l'offre et la demande: plus y aura d'offres, plus y a de chances que le prix baisse. Donc, ça, c'est bon.

DANY

– On s'est fait dire le contraire tantôt.

STEVEN GUILBEAULT

– Y a aucun économiste au Québec qui pense que le prix du pétrole va baisser, hein ?

FRANÇOIS LEGAULT

– C'est le gros bon sens. Je suis sûr que s'il y a deux vendeurs, y va avoir plus de chances que le prix soit bas.

STEVEN GUILBEAULT

– Monsieur Legault, on a à peu près quoi ? Douze ou treize fournisseurs de pétrole différents au Québec ?

FRANÇOIS LEGAULT

– Ben, si on en a un de plus, ça va faire une offre additionnelle.

Frédérick Bastien, professeur adjoint au Département de science politique de l'Université de Montréal, a scruté à la loupe le traitement du politique dans les émissions d'affaires publiques, d'infodi-

Steven Guilbeault et François Legault

vertissement et de divertissement dans son livre *Tout le monde en regarde ! La politique, le journalisme et l'infodivertissement à la télévision québécoise* (Presses de l'Université Laval, 2013). « Les données que nous avons présentées dans cet ouvrage indiquent une démesure dans la sévérité des reproches formulés à l'endroit de l'infodivertissement [...]. Lorsque des entrevues sont menées avec des politiciens dans des *talk-shows*, les enjeux de politiques publiques y reçoivent parfois une attention significative et des intervieweurs font des efforts manifestes pour adopter un mode d'interrogation critique, posant des questions de relance et soulevant des objections aux propos des interviewés, reproduisant ainsi certaines pratiques journalistiques. »

Dès les débuts de la télévision, des politiciens ont fréquenté les *talk-shows*. Dans la populaire émission *Les couche-tard* (1961-1970), Jacques Normand et Roger Baulu ont reçu des vedettes en vue et des politiciens. Les animateurs ne se privaient pas pour blaguer avec leur invité. Comme lorsque Jacques Normand lut un poème en vers à Daniel Johnson, alors chef de l'opposition : « Si vous étiez anglo-saxon, on vous appellerait sir Johnson », comme la cire du même nom !

Au début des années 70, Lise Payette recevait, elle aussi, les personnalités les plus en vue à son émission de fin de soirée *Appelez-moi Lise*. Artistes, vedettes internationales, scientifiques, sportifs, mais aussi des politiciens, comme le maire de Montréal, Jean Drapeau, ou René Lévesque, chef du Parti québécois.

Jean Bissonnette est un homme de télévision à la liste de réalisations impressionnantes, comme *Les couche-tard*, *Appelez-moi Lise*, *Moi et l'autre* et quelques *Bye Bye*. Il a également produit la série *Un gars, une fille*. Jean Bissonnette connaît donc bien les émissions de variétés, en général, Guy A. Lepage, en particulier, et *Tout le monde en parle*, qu'il nous a dit regarder religieusement.

« La différence entre *Les couche-tard* et *Tout le monde en parle*, c'est que les questions et les réponses aux *Couche-tard* étaient écrites à l'avance, explique monsieur Bissonnette. Quand on recevait un politicien, on ne parlait pas de politique avec lui ! Si on savait qu'untel faisait des tours de magie, on lui demandait d'en faire un. Un autre dansait le charleston ? On le faisait danser le charleston. On ne touchait pas à l'actualité. Les recherchistes préparaient les invités pour leur entrevue et les aidaient à mettre les animateurs en boîte. Quand les politiciens arrivaient le lendemain au bureau, ils étaient félicités par leur entourage pour

JACQUES NORMAND
EST-CE QUE VOUS SURVEILLEZ AUSSI LES STÉNODACTYLOS QUI SONT À VOTRE EMPLOI ?

MAURICE BELLEMARE
[DÉPUTÉ DE CHAMPLAIN À L'ASSEMBLÉE LÉGISLATIVE]
AH OUI, AH OUI ! ÇA, C'EST MA RESPONSABILITÉ. JE PEUX VOUS DIRE UNE CHOSE, J'AI PEUT-ÊTRE PLUS DE MISÈRE AVEC MA VERTU QU'AVEC MA SANTÉ !

leur bon sens de l'humour. On les avait aidés à avoir l'air plus intelligents. Tout le monde était heureux. Et ça, c'était une bonne pub pour l'émission, qui n'avait pas de mal à avoir des invités. »

« Les invités de Lise Payette ne connaissaient pas les questions à l'avance, poursuit-il, donc ils n'avaient pas de réponses toutes prêtes, mais ils se sentaient en confiance et en sécurité, parce qu'on ne les mettait pas en boîte. S'il y avait une bonne question drôle sur l'actualité, on n'allait pas s'en priver, mais on faisait du divertissement, même si des fois, on était *borderline*. »

Lise Payette confirme : « J'avais le droit d'inviter des politiciens, mais pas de parler de politique avec eux. Je faisais des entrevues pas très sérieuses, mais des fois, c'était trop tentant, et quand une porte s'ouvrait, je glissais vers la politique. Je pouvais faire toutes sortes de choses. J'ai coupé des cravates de politiciens, mais je ne pouvais pas parler de politique ! Alors, je les recevais pour leur parler d'autre chose, pour les montrer sous un autre jour. »

Les politiciens fréquentent encore aujourd'hui les *talk-shows* et les magazines, mais c'est plus souvent pour parler... de politique. Des émissions comme *125*, *Marie-Anne*, *Bazzo.tv*, *Deux hommes en or*, *Les francs-tireurs* ou *Tout le monde en parle*, pour ne nommer que celles-là, ne se privent pas d'aborder les enjeux politiques et d'actualité avec leurs invités. Le mur entre affaires publiques et variétés est devenu moins étanche avec le temps, mais non moins sans tensions.

Une entrevue réussie repose sur une bonne recherche, la préparation de l'animateur et ses qualités d'intervieweur. Le but : aller chercher une information. Et plus le contexte des entrevues est varié, plus il y a des possibilités que de l'information inédite ressorte. L'émission satirique *Infoman* est un excellent exemple.

GUY
– Tu fais de l'information, tu fais de l'humour, t'es ni un journaliste ni un humoriste. T'es quoi ?

JEAN-RENÉ DUFORT
– Je suis un curieux. J'*haïs* ça, le débat « T'es-tu un journaliste ou t'en n'es pas un ? ». Ça me fait rire, parce que ça m'intéresse pas. Je pense pas que t'as besoin d'une carte de plombier pour déboucher une toilette. Moi, ce qui m'intéresse, c'est de faire des reportages sur des choses qui piquent ma curiosité, le matin, dans les journaux.

Jean-René Dufort

CHEVEUX ET CHEMISES

Côté cheveux, Guy est très conservateur. Très. Il a fallu deux ans à sa coiffeuse, Mélissa Fillion, pour le convaincre de laisser raccourcir, quelques millimètres à la fois, ses cheveux pour passer d'une coupe Longueuil à une coupe de cheveux, point. Deux ans !

DANY
- Tu disais à ta fille que tu venais à *Tout le monde en parle*, pis elle connaissait pas ça.

MARTIN MATTE
- Elle dit : « C'est quoi ça, *Tout le monde en parle* ? » Ben, je dis : « On écoute ça le dimanche. » « Oh ! elle dit. Avec le monsieur avec les cheveux ? »

Et encore, s'il n'y avait eu que les cheveux. Il y a aussi eu les chemises. Dès le début de Tout le monde en parle, elles ont fait jaser. Le public les trouvait trop ouvertes, trop décolletées, trop bigarrées et trop semblables.

GUY
- Faut recommencer. Sais-tu pourquoi ?

LOUIS-JOSÉ HOUDE
- Pourquoi ?

GUY
- Parce qu'on vient de me dire que c'est extrêmement laid ce que je porte à la TV !

En effet, cette fois-là, le producteur Guillaume Lespérance était venu nous consulter, André Ducharme et moi, en régie. « C'est-tu laid ce qu'il porte ou c'est juste moi ? », nous avait-il demandé. Ce n'était pas juste lui...

Guy avait dû changer de chemise pendant l'enregistrement :

Il y a eu tellement de commentaires sur les vêtements de Guy qu'il s'est senti obligé de faire une (che) mise au point.

GUY
– Non, je ne porte pas toujours la même chemise chaque semaine. Et si vous trouvez que c'est la même chemise, c'est que votre téléviseur, lui, a besoin d'une sérieuse mise au point.

« Il y a dix ans, se souvient l'habilleuse Louise Despatie, la mode était aux motifs fleuris, aux rayures et aux tissus plus colorés. Mais Guy recevait tellement de commentaires qu'il a décidé de ne porter que des chemises sobres sous de classiques vestons sombres. Aujourd'hui, tout ce qu'il demande, ce sont des chemises confortables et qu'on puisse dissimuler son micro dans son veston. »

Comme tout fou du roi qui se respecte, Dany, lui, portait des vêtements plus flamboyants. Mais las d'être taquiné par Guy (il en a même perdu sa commandite), il a délaissé les rayures multicolores, les motifs cachemire, les petits pois, le pied-de-poule et les couleurs criardes. Cardigans pastel, pulls doux et motifs sobres : pas de doute, le fou s'est assagi.

À ce jour, aucun commentaire sur les cheveux de Dany.

QUIZ : COUPES DE CHEVEUX

La plus belle qualité de Guy A. Lepage est, sans aucun doute, la constance de ses coupes de cheveux. Saurez-vous deviner a quelle saison correspond chacune d'elles ?

A

B

C

D

E

F

G

H

EN COULISSES

LE JEUDI SOIR

Toute la semaine, l'équipe de *Tout le monde en parle* prépare l'émission hebdomadaire, enregistrée au studio 42 de Radio-Canada.

LE STUDIO 42 EN VRAC

40
ANS

32,8
PIEDS SOUS TERRE

65
PIEDS DE HAUTEUR

LE GARDIEN DE SÉCURITÉ,
TOUJOURS AU POSTE !

Aussi mythique que vaste, le studio 42 accueille depuis 40 ans des émissions de variétés, des galas, des émissions d'affaires publiques, des concerts et des soirées électorales. Pour s'y rendre, il faut descendre plus de 32 pieds sous terre (32,8 pour être plus précise), choisir entre trois avenues menant à des couloirs peu fréquentés, puis parcourir 371 pieds sur du terrazzo inusable et sous un éclairage au néon.

On dirait une polyvalente, la nuit.

On emprunte ensuite un corridor, encombré par des éléments de décor et d'éclairage et des casiers métalliques, au bout duquel apparaît un petit écriteau indiquant le studio 42. Il ne reste plus qu'à tourner à droite pour se retrouver devant... un autre corridor ! Un gardien de sécurité veille sur les lieux. Une hôtesse accueille les invités et les conduit dans leur petite loge, dans laquelle il n'y a ni fleurs ni cadeaux promotionnels. Rien. Un fauteuil, une chaise, une table, des crochets et un miroir.

C'est à ce moment qu'il faut prodiguer de l'attention aux invités. Si certains viennent avec leur entourage, qui s'occupe de leurs caprices et de leurs insécurités, d'autres sont abandonnés à nos bons soins. Besoin de reprendre une couture, de réparer une déchirure, de recoudre un bouton, de repasser une chemise ? L'habilleuse est là. Une petite fringale ? L'hôtesse apporte un en-cas. Mal de gorge ? Une tisane. Fatigue ou décalage horaire ? Thé ou café.

Mais contre la nervosité, on ne peut rien, ou si peu – parfois un verre de vin...

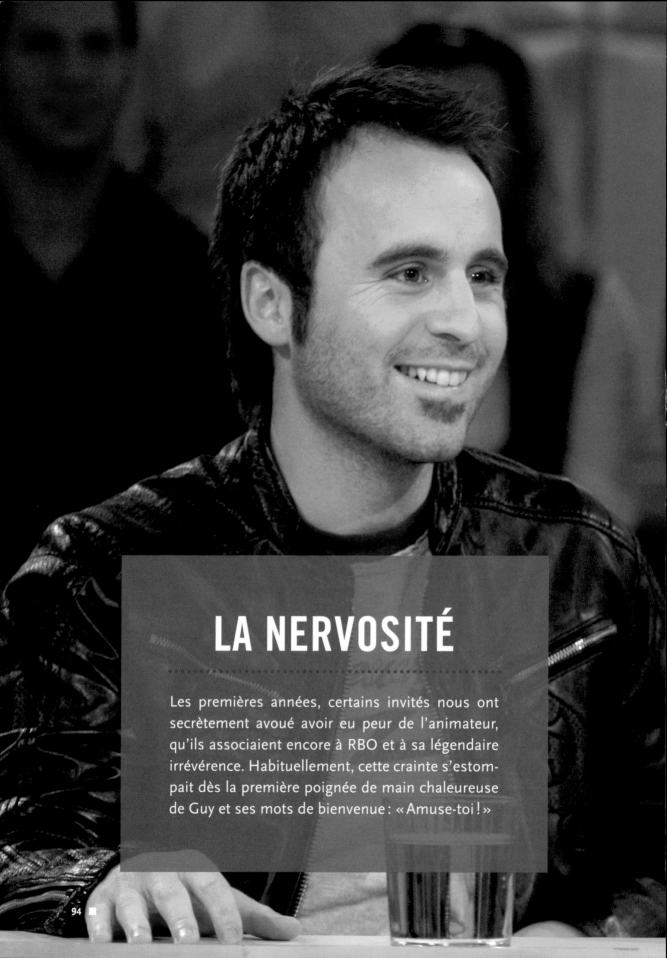

LA NERVOSITÉ

Les premières années, certains invités nous ont secrètement avoué avoir eu peur de l'animateur, qu'ils associaient encore à RBO et à sa légendaire irrévérence. Habituellement, cette crainte s'estompait dès la première poignée de main chaleureuse de Guy et ses mots de bienvenue : «Amuse-toi!»

LOUIS-JOSÉ | HOUDE

Louis-José Houde est un des invités qui nous a visités le plus souvent. Dix fois en dix ans. Comme Martin Matte. Plus que Véronique Cloutier (neuf fois) et que... Pauline Marois (neuf fois)! C'est donc en homme d'expérience que l'humoriste a accepté de répondre à ces quelques questions.

QUE REPRÉSENTE POUR TOI UN PASSAGE À NOTRE ÉMISSION ?

Ça représente toujours une forme de test, d'épreuve. Parce qu'on peut se faire parler de nos bons coups, comme de nos mauvais. On peut en sortir gagnant ou perdant.

ET POUR LES HUMORISTES EN GÉNÉRAL ?

C'est une occasion de faire rire, mais aussi de faire autre chose. C'est-à-dire qu'on ne ressent pas la pression d'être drôle pendant l'entrevue. On peut aller dans d'autres zones. J'essaie toujours d'éviter d'entrer en mode représentation et tente de rester moi-même, sans m'obliger à être comique. Mais ça ne marche pas toujours...

POURQUOI ES-TU NERVEUX QUAND TU VIENS À TLMEP ?

Parce que je sais que Guy ou Dany peuvent aborder des sujets dont je n'aime pas parler publiquement. L'argent, la vie privée, etc. Mais je suis nerveux surtout parce que je veux être bon, tout simplement. Ils me placent toujours comme premier invité de l'émission et je sais que, si je suis plate, les gens vont changer de poste. Comme cette réponse qui s'éternise... Les lecteurs sont probablement en train de changer de page...

ES-TU PLUS NERVEUX QUE POUR N'IMPORTE QUELLE AUTRE ÉMISSION ?

Non. Je suis plus nerveux pour des émissions en direct ou des émissions qui font un montage bâclé. À TLMEP, les monteurs m'ont souvent fait passer pour plus drôle que j'étais dans l'entrevue intégrale en coupant l'inutile et en resserrant mes anecdotes.

TE PRÉPARES-TU QUAND TU VIENS À L'ÉMISSION ? COMMENT ?

Si je lance un nouveau spectacle, je prépare des histoires sur la vie de tournée ou l'écriture ; si c'est pour un film, des anecdotes de tournage, etc. Mais en fin de compte, je m'en sers rarement. Ma préparation est davantage axée sur les autres invités. J'essaie d'emmagasiner un maximum d'information sur les gens qui feront partie de l'émission parce que je veux pouvoir participer à la discussion, autant que possible.

Michel Louvain

GUY [À MICHEL LOUVAIN]

– On nous a dit que vous étiez très nerveux à l'idée de venir ici, vous qui avez donné des centaines de milliards d'entrevues pendant votre carrière. Pourquoi vous êtes nerveux ?

MICHEL LOUVAIN

– Ben, je suis toujours comme ça, moi.

GUY

– Vous avez encore le feu sacré ?

MICHEL LOUVAIN

– Oui, même avant un spectacle, ou tant que la première note de musique ne joue pas sur la scène, je suis comme ça, je me tiens pas.

GUY

– Ah, je pensais que c'était moi qui vous énervais ?

MICHEL LOUVAIN

– Un peu, oui.

 DANY: « Pour moi, Michel Louvain est une leçon de *show-business*. Un parcours sans fautes, un grand et sincère respect pour son public. »

GUY: « Il n'y a qu'une chose à dire sur Michel Louvain: c'est un gentleman. Et ses pantalons ne sont jamais froissés, donc deux choses ! »

MICHEL | LOUVAIN

Beaucoup d'invités nous ont avoué être plus nerveux lorsqu'ils viennent à *Tout le monde en parle* qu'à n'importe quelle autre émission. Pourquoi ? La peur de ne pas « performer », de ne pas être à la hauteur des attentes du public, de glisser sur une peau de banane, de ne pas être drôle, de manquer d'esprit ou de vivacité. Difficile, si on est plate en entrevue, de convaincre quiconque que son livre, son disque, son film, sa pièce, son spectacle ou sa création ne l'est pas. Beaucoup aussi attendent avec fébrilité le dimanche soir pour voir le montage de Guy et suivre les commentaires sur Twitter, ou le lundi matin pour lire les chroniqueurs télé et écouter les commentaires à la radio. On est nerveux avant l'entrevue, pendant et après.

« Michel Louvain était très nerveux, confie l'attachée de presse Hélène Faubert. Il craignait les questions ainsi que les propos de l'animateur. Il avait peur qu'on se moque de lui ou qu'on tente de le ridiculiser. Mais il est sorti heureux et enchanté de l'entrevue. »

BRYAN | PERRO

Pourtant habitué aux entrevues et à la notoriété, l'auteur de la célèbre série fantastique *Amos Daragon* était très nerveux à l'idée de passer à l'émission. « Je dois vous avouer que j'ai commencé à ressentir cette nervosité deux semaines avant l'enregistrement, confie-t-il aujourd'hui. Toutes les nuits, je répondais mentalement aux questions de Guy A. Lepage. Les yeux clos, je le voyais, en gros plan, me tendre des pièges, tandis que son complice s'amusait de mes réponses. Certaines nuits, j'étais brillant, d'autres, c'était le cauchemar. En acceptant l'invitation, je m'attendais à devoir me battre comme un chrétien contre des lions dans une arène de Rome, mais j'avais tort. L'équipe fut extraordinaire ; l'animateur, chaleureux ; le fou du roi, sympathique ; et les autres invités, fort aimables !

Ensuite, j'étais nerveux, le jour de la diffusion. Les yeux rivés sur mon téléviseur, j'attendais de voir ma grosse face de Bigfoot ! J'avais donné 45 minutes d'entrevue et je me demandais ce que l'équipe allait conserver au montage. Je n'avais rien dit de bien compromettant, mais je me souviens d'avoir glissé un mot inélégant sur les Portugaises que, par amour du peuple et du pays, je ne souhaitais pas revoir ! » Le mot a dû glisser pendant la fin de semaine, car lesdites Portugaises n'ont pas survécu au montage.

Bryan Perro

Martin Matte

MARTIN | MATTE

Un autre qui a été nerveux lors de son premier passage, c'est Martin Matte. Eh oui, Martin, l'excellent ! Qui l'eût cru... « J'ai beaucoup de souvenirs de TLMEP. Ç'a été une émission marquante pour moi. Lors de ma première présence, j'avais des amis dans le public, j'étais un peu nerveux. Je me rappelle avoir fait une bonne entrevue, en tout cas, d'avoir été drôle ! J'étais fier. Je me souviens d'un segment d'entrevue "mensonge" où je n'avais pas le droit de dire la vérité ! Les gens me demandaient si c'était préparé à l'avance. Eh ben, non ! »

GUY

– Martin, tu préfères nettement les voitures allemandes, tu m'as dit tout à l'heure que tu trouvais que les japonaises, c'était de la marde. Tu trouves pas que t'exagères ? C'est quand même tes commanditaires.

MARTIN MATTE

– T'as raison, j'exagère. C'est que je suis un gars manuel. J'aime mieux les voitures allemandes puis avoir des troubles. J'aime ça me mettre au défi.

JACQUES | DUCHESNEAU

DANY: « Il y a trois types d'invités : le nerveux à la main moite, le nerveux à la main froide et le pas nerveux à la main sèche. Parmi les plus nerveux, j'ai souvenir d'André Boisclair lors de l'élection générale. D'où j'étais sur le plateau, j'avais une vue privilégiée sur les jambes des invités. Celles de Boisclair bougeaient et s'entrechoquaient. Un malaise incarné dans ses deux pattes ! Jacques Duchesneau a le record de la main moite. Lorsqu'il est venu présenter son rapport en primeur à TLMEP, son taux d'humidité devait friser les 100 %. Une canicule de nervosité ! »

GUY

– Mon premier invité a produit un rapport sur la collusion, la corruption et le trafic d'influence dans le milieu de la construction ; tout un contrat.

Voici Jacques Duchesneau.

[musique et applaudissements]

GUY

– Monsieur Duchesneau, bienvenue à *Tout le monde en parle*.

JACQUES DUCHESNEAU

– Merci beaucoup.

GUY

– En février 2010, vous avez été nommé à la tête de l'Unité anticollusion du ministère des Transports. Votre premier rapport a fait l'objet d'une fuite dans les médias, et ce qu'on y apprend sur l'industrie de la construction routière est troublant. Collusion, violence, intimidation, coûts gonflés, financement politique illégal, coulage d'informations privilégiées à des entrepreneurs, infiltration de l'industrie par le crime organisé. Est-ce que c'est pire que ce que vous pensiez au départ ?

Jacques Duchesneau se souvient très bien de ce moment. Quand il a accepté notre invitation, il était à cinq jours d'une commission parlementaire où il allait expliquer son rapport et à la veille d'un tête-à-tête avec le ministre des Transports d'alors, Pierre Moreau. « J'étais extrêmement nerveux, dit-il aujourd'hui. Mettez-vous à ma place : je m'en allais lancer une bombe et me faire des ennemis. Mais ce n'est pas tant pendant l'enregistrement que j'étais nerveux. Si vous regardez l'entrevue, dès les premières questions, vous voyez que je deviens à l'aise. La période la plus difficile, c'est quand tu es seul, en bas des marches, et que tu entends Guy dire ton nom. Tu montes l'escalier, la caméra te fixe et te suit, tu marches jusqu'à ta place. J'avais peur que quelqu'un dise quelque chose ou me hue. Pour moi, c'était un gros événement, j'étais le premier invité de la saison, j'allais là en dénonciateur et mon entrevue aurait pu miner mon témoignage en commission parlementaire. »

De nombreuses personnes se sont demandé pourquoi venir à TLMEP avant une rencontre avec le ministre Moreau et la commission parlementaire. «Je voulais que personne ne me dise quoi dire ni quoi ne pas dire, explique-t-il. Quand Guy m'a appelé, j'étais au Saint-Hubert, à Sainte-Foy, avec mon adjoint. On a discuté, pesé le pour et le contre. Je me demandais : "À qui je suis redevable ? Au Parti libéral, qui m'a donné ma *job*, ou à la population ?" Et ma réponse a été "la population". Alors, j'y suis allé. J'ai reçu les foudres des journalistes pour ça. Mais je n'ai jamais regretté. »

DANY

– Est-ce que monsieur Charest était d'accord pour que vous soyez ici ce soir ? Est-ce que vous l'avez consulté ?

JACQUES DUCHESNEAU

– Je l'ai avisé que j'étais pour être ici. Bien évidemment, il y a la commission parlementaire, mais j'avais déjà pris une entente. J'étais pour être ici parce qu'on a fait dire à mon rapport des choses qui n'étaient pas vraies. Je devais à tout le moins expliquer à la population ce dont il est question ici.

LES | FRANÇAIS

Les Français sont souvent nerveux lors de leur passage à l'émission. Soit ils craignent le fou du roi (en France, la réputation de Laurent Baffie, leur fou du roi, est terrible), soit ils ont peur de ne pas comprendre notre accent (la réputation de notre accent n'est pas terrible en France !). Le chanteur Renaud refusait de faire l'émission en France. C'est à contrecœur qu'il était venu sur notre plateau.

Renaud

RENAUD

– J'aime pas l'esprit. Je le trouve un peu pervers, un peu vicelard, un peu insolent. J'ai pas de haine ou de mépris particulier, j'aime pas cette émission, point final. Je la trouve trop *people*, trop *parisianiste* et trop *branchouillée* ou *branchouillarde*.

Même si son équipe québécoise avait essayé de le rassurer sur la «perversité» de l'esprit de la version québécoise, Renaud avait quand même un peu boudé son plaisir durant son entrevue. «Si

j'avais su, avait-il dit au démaquillage, je me serais amusé. »

Certains ne sont pas restés après leur entrevue à cause de notre accent. C'est le cas du romancier et essayiste Pascal Bruckner, qui ne comprenait pas un mot de ce que disait le conseiller municipal de Hérouxville André Drouin. Ne pas comprendre ce que disent les autres, ne pas réagir quand le public rit et craindre de ne pouvoir répondre quand on doit parler, c'est trop stressant. Ajoutez-y le fait que la plupart des étrangers sont encore sous l'effet du décalage horaire, et vous avez un niveau de stress insoutenable pour certains.

LE CCM

(COIFFURE, COSTUME ET MAQUILLAGE)

On le sait, se faire coiffer, habiller ou maquiller peut stimuler la fibre du potinage ou de la confidence. En télévision, cette Sainte-Trinité esthétique s'appelle le CCM. Ça fait plus professionnel, mais ça donne le même résultat.

Une fois dans la salle de maquillage, une grande pièce violemment éclairée, froide et intimidante, les invités se retrouvent devant un miroir, abandonnés entre les mains de la maquilleuse et du coiffeur. La nervosité monte et s'installe. Soudainement seuls, ils partagent alors leurs insécurités et leurs angoisses. Ils ont besoin d'être rassurés et réconfortés. Avec ses doigts et ses pinceaux, la maquilleuse masse et détend leur visage. C'est un moment où ils s'ouvrent et confient parfois des choses intimes. Il est même déjà arrivé que des invités s'endorment sitôt les yeux fermés, comme Alexandre Jardin. Mais c'est plus rare !

NANA | MOUSKOURI

On sait tous que Nana Mouskouri a toujours eu les mêmes lunettes, le même grain de beauté, au même endroit, la même couleur de cheveux et, surtout, surtout, la même coupe de cheveux. Une coupe au carré, très droite. On le sait tous ? Pas sûr. Ce jeudi soir-là, le coiffeur décide de friser les cheveux de la célèbre chanteuse. Madame Mouskouri, sous le choc, voyant la catastrophe prendre du volume, en reste muette ! Consternation dans son équipe. Puis, tout à coup, elle s'écrie : « Non, mais ça ne va pas, ça ne va pas du tout ! » En catastrophe, on a étiré les mèches avec l'aide d'un fer plat et l'ordre naturel des choses a été rétabli. Madame Mouskouri était redevenue Nana.

PAUL | ANKA

Le célèbre chanteur Paul Anka avait demandé, chose rare à TLMEP, à être maquillé dans sa loge. Pour s'y rendre, la maquilleuse a dû décliner son identité à plus d'une personne de l'entourage du chanteur avant d'avoir le privilège de frapper à sa porte. Celle-ci s'est ouverte sur un monsieur tout souriant et vêtu d'un long peignoir blanc en satin. Charmant, il s'est installé, et la maquilleuse a pu pratiquer son art. Sa seule exigence: préserver son bronzage malgré le maquillage. Pendant qu'elle s'exécutait, monsieur Anka lui parlait en français de crèmes et de soins pour la peau, tout en lui posant des questions sur l'émission et sa notoriété. « Donc, j'ai bien fait de venir ! », s'est-il exclamé.

LA | ROUX

Certaines invitées demandent un maquillage très léger, comme l'actrice américaine Mia Farrow, la chroniqueuse politique Chantal Hébert ou l'astronaute Julie Payette. La chanteuse britannique Elly Jackson, du duo La Roux, voulait un style naturel et préférait se maquiller elle-même. Avant que Fannie Bissonnette, l'assistante de production, ne quitte la loge, Elly Jackson lui a demandé quelle couleur elle devrait choisir pour ses yeux. La jeune assistante lui en a suggéré une en accord avec sa carnation et sa couleur de cheveux. «Elle m'a demandé comment je m'y connaissais, se souvient Fanny, et je lui ai dit que j'étais aussi mannequin, et que je m'étais souvent fait maquiller. Elle m'a alors demandé si ça me dérangeait de la maquiller! Ce que j'ai fait. J'étais très intimidée, mais elle était tellement gentille!»

Le maquillage peut aussi parfois servir d'arme de persuasion massive, comme s'en souvient aujourd'hui Guillaume Lespérance, le producteur délégué de *Tout le monde en parle* : « Marie-France Long, la coordonnatrice de production, vient me chercher quand des invités refusent de signer l'autorisation de diffusion de leur entrevue. Ce qui arrive souvent avec les Français. En général, je remplace un mot par un autre, par exemple "univers" par "monde entier"...

L'écrivain François Weyergans refusait de signer le document, et j'avais beau lui offrir de remplacer des mots, le gagnant du prix Goncourt voyait clair dans mon jeu. J'ai donc attendu que le maquillage soit fini et qu'il se lève pour demander à la maquilleuse pourquoi elle avait maquillé monsieur Weyergans, puisqu'il ne faisait plus l'émission. Choqué, il m'a expliqué qu'il avait pris l'avion juste pour cette entrevue et qu'il était maintenant disposé à signer. Lorsqu'il a quitté le studio, il m'a serré dans ses bras en me remerciant pour l'accueil chaleureux. »

Pendant que les animateurs se préparent et que les invités se font pomponner, les membres de l'équipe de production s'installent dans la salle de travail avec nourriture, boissons, attachés de presse, famille des invités, ordinateurs et écrans de télé. Les recherchistes vont surveiller de près le déroulement des entrevues, s'entretenir avec les invités et rassurer ceux qui sont moins familiarisés avec le merveilleux monde de la télé.

Il y a donc beaucoup de bruit et de fébrilité. Les animateurs se branchent sur cette énergie, qui va les alimenter plus de quatre heures. Animer une émission comme *Tout le monde en parle* exige attention et concentration, car tout peut arriver durant l'enregistrement : un invité qui doit satisfaire un besoin pressant (Éric Lapointe), un détenteur d'une carte chouchou qui arrive à l'improviste (Guy et Dany ne sont jamais au courant, mais ils sont bien les seuls !), un invité qui quitte le studio ou un autre qui ne se présente pas.

Oui, tout peut arriver, il faut donc être fin prêts.

GUY ET DANY SE PRÉPARENT

PRÉPARATION (IMMUABLE) | DE GUY

· · · · · · · · · · · 17 H · · · · · · · · · · ·

Souper avec l'équipe et discussion générale sur des sujets variés concernant la sexualité.

· · · · · · · · · · · 17 H 12 · · · · · · · · · · ·

Dany sort discrètement pour aller se «préparer».

· · · · · · · · · · · 17 H 15 · · · · · · · · · · ·

Poursuite de la discussion sur la sexualité. Tout le monde boit du vin (celui qui sera présenté plus tard), sauf Dany et moi, qui sommes de vrais professionnels. («Pas un verre en dix ans!», tient à préciser Guillaume Lespérance.)

· · · · · · · · · · · 17 H 30 · · · · · · · · · · ·

Je me lève et dis: «Bon, c'est l'heure, je vais aller me laver le petit monsieur.» Indifférence générale.

· · · · · · · · · 17 H 30 À 18 H · · · · · · · · ·

Le petit monsieur est long à laver.

· · · · · · · · · · · 18 H · · · · · · · · · · ·

Je vais me faire coiffer et maquiller en révisant mes *cartrons*.

· · · · · · · · · · · 18 H 27 · · · · · · · · · · ·

Je mets mon veston.

· · · · · · · · · · · 18 H 30 · · · · · · · · · · ·

Je sors de ma loge et des abeilles butineuses s'affairent autour de moi tandis qu'on installe mon micro.

· · · · · · · · · · · 18 H 31 · · · · · · · · · · ·

Dany et moi, on se retire dans un coin pour un sérieux *pep talk* d'environ 8 secondes. Nous sommes prêts. Sinon, nous ferons semblant.

PRÉPARATION | DE DANY

· · · · · · · · · · · 17 H 12 · · · · · · · · · · ·

Après le souper, à l'heure des poules, je me goinfre de deux desserts (je n'en mange jamais), histoire d'avoir du sucre dans mon système pour la stimulation, et je pars...

· · · · · · · · · · · 17 H 14 · · · · · · · · · · ·

Thé vert (encore de la stimulation).

· · · · · · · · · · · 17 H 16 · · · · · · · · · · ·

Coiffure, maquillage et habillage.

· · · · · · · · · · · 17 H 45 · · · · · · · · · · ·

Déjà prêt, je tourne en rond en maugréant dans ma tête: «Dieu du ciel que Guy est pas vite!»

· · · · · · · · · · · 18 H 31 · · · · · · · · · · ·

L'équipe coiffure-maquillage a réussi à faire une face à Guy et même à insuffler un peu de corps à ses cheveux. Nous sommes prêts.

■ 105

LA PRÉPARATION DES INVITÉS

Célèbres ou anonymes, certains invités sont comme des poissons dans l'eau sur un plateau de télévision. D'autres, malgré tous leurs efforts, ne « passent pas la rampe ». Beaucoup se situent entre les deux, et une bonne préparation fait toute la différence entre une entrevue réussie ou moyenne.

Roy & Turner Communications, une agence spécialisée en relations de presse et en communication, prépare chacun de ses artistes avant une entrevue sur notre plateau – ce qu'elle ne fait pas pour d'autres émissions.

«Ça ne veut pas dire qu'on leur suggère des réponses aux questions qui seront possiblement posées, précise Elisabeth Roy, p.-d.g de Roy & Turner Communications. Ça veut dire qu'on les invite à réfléchir à ce qu'ils ont envie de dire à un million de personnes. *Tout le monde en parle* est une tribune extraordinaire pour parler de son travail et donner envie aux gens de s'y intéresser. C'est aussi une tribune extraordinaire pour faire valoir ses idées et opinions. Il faut l'utiliser au mieux. Je conseille aux artistes de ne pas être sur la défensive, quelle que soit la question posée. La façon dont l'émission est réalisée met tout en lumière : la vérité, le doute, les malaises, les mensonges, tout ! À *Tout le monde en parle*, on ne peut pas mentir ni sortir sa cassette. C'est comme si l'image parlait. »

D'ailleurs, la plupart des artistes demandent à Elisabeth et à son équipe comment s'habiller, et les filles ajoutent : «Mes souliers sont-tu corrects ? »

Parce que l'attention risque de porter sur le mot malencontreux, le coup de gueule, la déclaration qui fait jaser dès le dimanche soir, Sylvie Savard, vice-présidente aux communications d'Annexe Communications, fait le test des questions et réponses avec ses clients. «Nous faisons une simulation avant l'entrevue, parce que tous les médias écoutent cette émission. Comment ils doivent dire ce qu'ils ont à dire et, surtout, comment ne pas dire ce qui ferait tant dire. »

Même son de cloche de la part d'Annie Tremblay, vice-présidente aux communications chez Films Séville. «Je prépare tous mes invités qui vont à TLMEP. Je les aide à bien parler du film dont ils font la promotion. C'est niaiseux, mais il y en a qui ne savent pas comment raconter l'histoire du film dans lequel ils jouent, et des réalisateurs qui vendent mal leur film, qui s'accrochent dans des détails ou qui sont trop techniques. Je peux aussi recommander aux artistes d'éviter certains sujets ou de faire attention à ce qu'ils disent. Je sais que la niaiserie qu'ils vont dire va rester au montage, parce que c'est payant ! »

Annie Tremblay en sait quelque chose. En 2006, elle accompagnait le comédien Patrice Robitaille et le réalisateur Patrice Sauvé, tous deux en promotion pour le film *Cheech*, écorché par la critique. Devant plus de 1,5 million de téléspectateurs, Patrice Robitaille avait pris à partie Normand Provencher, le critique de cinéma du *Soleil*, qui n'avait pas aimé le film.

PATRICE ROBITAILLE
– Son papier, j'te jure, je l'ai relu avant de venir à l'émission parce que je me doutais qu'on allait parler un peu de ça et, honnêtement, c'est un torchon.

«En pleine campagne promotionnelle pour *Cheech*, de quoi parlaient les journalistes à Patrice Robitaille ? De son coup de gueule, se souvient Annie Tremblay. Plutôt que de promouvoir le film, il devait défendre ses propos. D'un point de vue marketing, ce n'était vraiment pas une situation souhaitable. »

Patrice Robitaille

JACK | LAYTON

À la veille de son premier passage à l'émission, Jack Layton avait été préparé par son attaché de presse, Karl Bélanger. «Je m'en souviens très bien, confie celui-ci. C'était une des toutes premières émissions, tout juste après celle de Raël! Nous étions dans le train entre Ottawa et Montréal, et j'ai remis à Jack un cahier qui contenait le portrait des animateurs et des invités qui étaient sur le plateau et les principaux enjeux d'actualité. J'avais comme objectif qu'il fasse bien pendant son entrevue, mais aussi qu'il puisse intervenir durant les autres entrevues.»

Dans le document, il y avait un dossier sur chaque invité: Mario Jean, Geneviève Brouillette, Yves P. Pelletier, la documentariste d'origine tibétaine Kalsang Dolma, le boxeur Éric Lucas et Michèle Richard. «Parce que Jack avait quitté le Québec depuis longtemps et qu'il était déconnecté de l'actualité, je lui ai présenté chacun des invités. Par exemple, Michèle Richard, sa carrière de chan-

teuse, son père violoneux. Jack avait accroché sur le mot violoneux. Il adorait les québécismes. On avait fait ça exclusivement en français, parce qu'il était un peu rouillé. Je lui avais dit de rester lui-même et de ne pas s'inquiéter s'il ne comprenait pas un mot ou une question. Il pouvait faire répéter. Au montage, il n'en resterait rien.»

Jack Layton est donc arrivé très détendu, il a séduit son auditoire et s'est amusé avec les expressions qu'il ne connaissait pas.

GUY
– Ça, Jack, une cochonne, là, on a ça au Québec. C'est nos *party animals* à nous.

GENEVIÈVE BROUILLETTE
– C'est une fille qui s'assume dans sa sexualité, les gars appellent ça «une cochonne».

DANY
– Est-ce que vous connaissiez l'expression?

JACK LAYTON
– Pas assez bien.

MICHAEL | IGNATIEFF

Les politiciens moins expérimentés sont sous la haute surveillance d'une équipe d'experts en communication et de conseillers politiques. Écrivain, professeur et intellectuel, l'aspirant chef du Parti libéral du Canada Michael Ignatieff faisait alors ses premiers pas dans l'arène politique sous l'œil attentif des médias. Il devait donc être prêt à débattre, à répondre aux questions, à regarder les gens dans les yeux et à dégager de l'assurance dans ses gestes et ses réponses.

L'attaché de presse Jean-François Del Torchio, un habitué de l'émission qui a également accompagné Stéphane Dion, François Legault et François Bonnardel, précise: «Nous avions préparé monsieur Ignatieff à une série de questions en rafale, à des

questions sur la culture québécoise et la culture en général, et même à des questions qui tuent! Mais c'est difficile de lire dans les pensées de Guy A. et de son équipe! Ce que nous tentions de démontrer à monsieur Ignatieff, c'est qu'une des clés du succès, c'est d'être soi-même, de sourire et, surtout, d'avoir du plaisir. C'est un moment stressant pour chaque politicien, et il faut les rendre à l'aise avant l'entrevue.»

Guillaume Lespérance, le producteur délégué de *Tout le monde en parle*, est témoin d'un aspect rarement évoqué: «J'ai souvent vu des attachés politiques, cachés entre les caméras, indiquer des consignes avec leurs mains à leur chef pendant les entrevues. J'ai toujours rêvé qu'on en filme un. C'est un beau spectacle de mime, mais c'est souvent déconcentrant pour le pauvre politicien.»

Jack Layton

ILS QUITTENT LE PLATEAU

Qu'il se dérobe à la dernière minute ou qu'il se lève pour satisfaire une envie urgente, un invité qui quitte le plateau, c'est toujours une catastrophe potentielle. Ou un grand éclat de rire !

TOUT LE MONDE EN PARLE

PATRICE | DEMERS

Dès la toute première émission, le 12 septembre 2004, il fallait nous démarquer des autres *talk-shows* par le ton, le style des animateurs et le choix des invités. Guy et le fou du roi recevaient Thierry Ardisson, l'animateur et créateur de la version originale de l'émission ; Véronique Cloutier, dont le père, Guy Cloutier, allait être jugé pour agressions sexuelles sur une mineure ; Patrice Demers, l'ancien directeur général de Radio X (en remplacement de son très controversé animateur Jeff Fillion, qui s'était défilé) ; Gilles Duceppe ; Anne-Marie Losique ; Nelly Arcan ; Stéphane Quintal et Corneille.

Ça, c'était l'émission annoncée et préparée avec minutie par toute l'équipe. Mais quelques minutes avant son entrevue, Patrice Demers quitte le studio parce qu'il a appris qu'Éric Lapointe, dont la présence était tenue secrète, allait intervenir durant son entrevue pour le défier. Le chanteur avait été invité pour répliquer aux attaques de Jeff Fillion, qui l'avait traité de « trou du cul, de crotté, de *loser* ». Véronique Cloutier, que Jeff Fillion avait traitée de « maudite vache », se trouvait déjà sur le plateau. Plutôt que de faire face à l'adversité (en fait à celle déclenchée par Jeff Fillion), Demers préféra déguerpir. « Lâchement », *dixit* Guy.

Jeff Fillion

 **ANDRÉ DUCHARME (script-éditeur de TLMEP) :** « Nous étions en plein enregistrement quand j'ai annoncé à Guy dans son oreillette que Patrice Demers venait de partir et que l'entrevue n'aurait pas lieu. Au lieu de paniquer, Guy a regardé calmement la caméra et m'a fait un petit signe de tête. (C'est de cette façon qu'on communique pendant le tournage.) Pour moi, c'est un moment clé de TLMEP. À ce moment précis, j'ai su que Guy était parfaitement à sa place et que l'émission allait fonctionner. Dans la même situation, plusieurs animateurs auraient carrément perdu tous leurs moyens. »

Un an plus tard, c'est Jean-François Fillion qui s'est présenté sur notre plateau. Pas Jeff Fillion. La différence ? À Québec, Jeff vociférait des propos orduriers en ondes, il attaquait à coups de salive acerbe la « clique du Plateau », les artistes de la métropole et les artistes tout court, puis les BS, les femmes, et ça ne finissait plus. Mais à TLMEP, Jeff est devenu Jean-François, un petit garçon qui tenait des propos modérés et qui a à peine répondu aux attaques. Un peu comme si le Bonhomme Carnaval arrivait à Montréal tout nu, sans son costume. Ceux qui s'attendaient à une joute d'insultes ont été déçus.

LAURENT | BAFFIE

Quelle émission! Quel tournage! Probablement l'un des plus mouvementés de la petite histoire de TLMEP. D'abord, il y avait beaucoup de monde dans les coulisses du studio 42. Chaque Français était accompagné de son entourage, et nous en avions trois: Thierry Ardisson, Laurent Baffie et Serge Lama. Agents français, attachés de presse québécois, entourages français et québécois. En plus, il y avait le ministre de la Sécurité publique du Québec d'alors, Jacques Dupuis, ses attachés de presse et ses gardes du corps. Guy Fournier, Christiane Charette, Jean Leloup et Sophie Chiasson complétaient le plateau. Beaucoup d'énergie circulait, mais pas toujours positive, comme nous allions le découvrir assez rapidement.

Assez tôt ce soir-là, Laurent Baffie avait manifesté son impatience. Pas jasant, l'air bête, il était pressé de repartir et ne supportait pas d'être relégué au cinquième rang. Lorsqu'il a menacé de quitter les lieux sur-le-champ s'il n'était pas l'invité suivant, Guy a diplomatiquement répliqué: «Qu'il décrisse, on n'en a rien à foutre!» Ce que monsieur Baffie s'est empressé de faire.

GUY: «Thierry Ardisson était dans ma loge quand nous avons décidé, Guillaume Lespérance et moi, de renvoyer Laurent Baffie, qui faisait chier tout le monde en coulisses parce qu'il voulait passer plus vite en entrevue.

— Ardisson (incrédule): Tu vas virer Baffie?
— Moi: Oui
— Ardisson: Putain, t'as des couilles!
— Moi: On s'en câlisse, au Québec, de Baffie.
— Ardisson (riant): T'as raison. Et ça lui servira de leçon. Il peut être chiant, Baffie.»

Guillaume Lespérance, le producteur délégué de *Tout le monde en parle*, était aux premières loges et s'en souvient comme si c'était hier: «Ardisson et Baffie sont arrivés à Montréal à quelques jours d'intervalle. Guy et moi sommes allés souper avec Ardisson, mais pas avec Baffie. Le soir de l'enregistrement, Ardisson était super généreux et dans de bonnes dispositions, tandis que Baffie était odieux. Il est parti quelques minutes avant son entrevue: je ne répéterai pas la discussion que j'ai eue avec lui au moment de son départ! Le hic, c'est qu'on venait d'installer son micro sans fil et l'émetteur, qui valent des milliers de dollars et qui appartiennent à la SRC. Évidemment, c'est à moi qu'a incombé la tâche ingrate de récupérer le micro. J'ai finalement réussi à lui parler très tard dans la soirée, mais il refusait que je fasse ramasser le micro. Aux petites heures du matin, j'ai parlé avec un de ses représentants, qui l'a convaincu, après avoir menacé d'envoyer la police chercher le tout. Je suis allé à l'hôtel chercher le micro vers les 4 h du matin.»

Sur le blogue de l'émission, Guy avait traité Baffie de «minable», il avait écrit vouloir «l'étamper dans le mur» et avait poursuivi sur le même ton: «Ce crétin s'est tiré en plein enregistrement, avec le micro-cravate dans son veston! Ce qui est un manque de professionnalisme comme j'en ai rarement vu dans ma carrière. Heureusement que le plateau était déjà bien garni.»

ANDRÉ DUCHARME: «En fait, j'ai eu la nette impression que Baffie considérait qu'il était sur son plateau. Ou du moins, dans une succursale de sa propre émission. Lorsque je me suis présenté à lui dans le salon des invités en lui expliquant mon rôle dans l'émission, il a haussé les épaules, a marmonné un "Ah bon..." et m'a carrément tourné le dos. Je lui ai moi-même marmonné un "T'es donc ben sympathique, toi, câlisse!" et suis retourné faire mon travail.»

DANY | LAFERRIÈRE

Un des moments les plus cocasses de *Tout le monde en parle* est certainement lorsque Dany Laferrière a demandé la permission d'aller au petit coin. L'animateur était alors dans une interminable conversation avec Philippe Maurice, dernier condamné à mort en France et gracié par le président François Mitterrand en 1981. On était donc dans le sérieux. Mais c'est alors que Dany leva la main :

DANY LAFERRIÈRE

– On est dimanche soir. Devant la population du Québec, cet homme parle de choses très graves, mais j'ai vraiment envie de pisser. J'ai vraiment... Je ne peux pas. Je vous reviens.

GUY : « Philippe Maurice était un invité plutôt ennuyeux et sentencieux. J'avais besoin de toute ma concentration pour le suivre. Soudain, Dany quitte le plateau, laissant l'invité et l'animateur pantois. Dany avait son micro sans fil accroché sur lui. Quand il a commencé à pisser (je confirme qu'il avait très envie), son jet était si fort dans mes écouteurs ainsi que ceux des techniciens qu'on a eu un fou rire tandis que Philippe Maurice s'évertuait à dénoncer les crimes capitaux. »

PAUL | PICHÉ

Paul Piché tentait d'expliquer la théorie qu'il avait élaborée dans son essai *Déjà vu, la formule algébrique de notre inconscient collectif,* un livre sur la récurrence des modes et les effets sur l'inconscient collectif et la société.

C'était à n'y rien comprendre.

PAUL PICHÉ

– Je voulais même pas l'écrire vraiment. Même que je voulais garder ça plutôt pour moi parce que c'est une idée tellement étrange au départ que je me disais: «Je vais passer pour un fou.»

DANY

– Mais c'est ce qu'on se disait!

Paul Piché s'était lancé dans ce que Guy avait surnommé «le théorème de Paul Piché», qui va comme suit: les modes se répètent selon un cycle précis, traduit par la formule suivante: 2 fois X - 80 + 45.

GUY

– Tu donnes de nombreux exemples dans ton livre, comme, par exemple, le film *Les Doors* d'Oliver Stone, qui a été réalisé en 1991. T'appliques ta formule en remplaçant le X par 91: 91-80 donne 11; 2 fois 11 donne 22; et 22 + 45 font 67, l'année de la sortie du premier disque des *Doors*. Qu'est-ce que tu veux démontrer par ces calculs-là? Ça fait quoi de trouver un lien entre ces deux événements-là?

PAUL PICHÉ

– Cette formule-là, elle fait juste signifier une chose: c'est qu'en 1980, on serait retourné en 1945 au niveau des modes, des tendances et de ce qui se passait dans la société, surtout la musique. Ça, c'était très clair.

Les exemples se suivaient, chacun d'eux démontrant, selon Paul Piché, la pertinence de sa théorie. Il était question de Voltaire, de la Corée et de l'Antiquité, où le chanteur retrouvait le *look* punk chez les soldats romains et grecs, avec leur crête sur leur casque. Dany cherchait désespérément le lien avec l'équation.

DANY

– Je pense que je vais aller dans ma loge, moi. Je vais prendre un petit *break*.

Dépassé, épuisé, il avait quitté le plateau. Il était revenu avec l'espoir qu'on parle un peu de musique. Après tout, Paul Piché est auteur-compositeur-interprète! Deux ans plus tard, alors que le chanteur était de nouveau sur notre plateau, Dany est revenu sur cet incident.

DANY

– Je comprenais tellement pas cette formule-là que j'ai eu comme l'instinct de partir. Puis, j'ai trouvé que j'avais exagéré un peu et je m'en excuse aujourd'hui.

PAUL PICHÉ

– Ah ben, c'est trop gentil, vraiment.

JEAN | LELOUP

On avait déjà reçu Massoud al-Rachid et Jean Leclerc, mais ce soir-là, il était Jean Leloup. LE Jean Leloup. Et qui dit Jean Leloup dit entrevue décousue et hautement divertissante. Un aperçu :

JEAN LELOUP
– Ça va bien. Je dois expliquer aux gens que j'avais tout simplement oublié que je m'appelais plus Jean Leloup.

JEAN LELOUP [À ÉRIC LAPOINTE]
– Moi, je me rappelle de toi, c'était tellement drôle. Quand je t'ai vu la première fois, on était tous les deux dans un bar, tous les deux pas mal avancés. Et puis tout à coup, tu m'as dit : « Salut. » Fait que là, je m'approche, tu dis : « On est des *bums*. » Là, j'ai fait : « Crisse, y a raison quand même. »

Tout à coup, Éric Lapointe se lève et quitte le plateau.

DANY
– Éric s'en va aux toilettes ?

GUY
– Oui.

DANY
– Je vais prendre un petit *break* aussi.

JEAN LELOUP
– Qu'est-ce qui se passe ?

GUY
– Ils s'en vont pisser.

JEAN LELOUP
– Ils s'en vont pisser ? J'ai-tu fait de quoi de pas correct ? Je le savais que j'avais fait de quoi de pas correct. J'ai fait de quoi de pas correct, je suis sûr, et ils me le disent pas, maudits hypocrites. Ils me l'ont pas dit.

Soulagés, Dany et Éric étaient revenus.

 GUY : « Soulagé, Leloup a continué son entrevue. »

Le chien de Michèle Richard a, lui aussi, quitté le plateau pendant l'entrevue de sa maîtresse. Et lui aussi était revenu, une fois soulagé...

DANY [À JEAN LELOUP]

« EST-CE QU'IL Y A DES COURSES AU LEADERSHIP DANS TA TÊTE ? »

GROS MALAISE

Un fou du roi arrogant, un invité qui annule au dernier moment (deux invités qui annulent au dernier moment!), deux autres à couteaux tirés, une information confidentielle qui change la donne: sur le plateau ou en coulisses, on ne sait jamais d'où va venir le prochain gros malaise...

ANNE-FRANCE GOLDWATER
ET DAVE ST-PIERRE

Le mercredi 28 janvier 2009, nous envoyons notre liste d'invités aux médias : Anne-France Goldwater, l'avocate de Lola dans le célèbre procès Lola contre Éric ; Karine Vanasse et Denis Villeneuve pour le film *Polytechnique* ; Patrick Huard ; Jean-François Mercier ; Raynald Leblanc (président du syndicat des employés du *Journal de Montréal*, alors en lock-out), et Richard Martineau, chroniqueur au *Journal de Montréal* ; Mara Tremblay et le danseur et chorégraphe Dave St-Pierre.

Le jeudi 29 janvier, l'enregistrement est commencé depuis peu. Dans la boîte vocale d'une recherchiste, deux messages : Dave St-Pierre nous informe qu'il est trop mal en point et qu'il ne pourra pas être des nôtres. (Il souffre de fibrose kystique et était en attente d'une greffe des poumons. Il viendra à l'émission en 2010.) Anne-France Goldwater doit, elle aussi, renoncer à faire l'entrevue. La juge lui a rappelé qu'elle avait un devoir de réserve.

Que faire ? Un invité qui se désiste à la dernière minute, ça peut toujours aller quand on a un plateau bien rempli, mais deux ? Impossible. Nous décidons de ne pas remplacer Dave Saint-Pierre, mais il faut absolument parler de l'affaire Lola contre Éric, qui fait les manchettes. Comment ? En invitant Christiane Desjardins, journaliste à *La Presse*, qui suit le procès de près. L'armée de recherchistes quitte alors les coulisses du studio pour préparer une entrevue et refaire les cartons de questions. Malgré ces « petits désagréments », nous avons fait une sacrée bonne émission.

MARTIN PETIT | OU LUCIAN BUTE ?

L'émission de fin d'année est toujours un peu plus compliquée. Beaucoup d'invités, de logistique et d'horaires à gérer : il faut que tout marche rondement. L'enregistrement de l'émission de la fin 2011 venait de débuter lorsque nous avons reçu un appel de l'entourage du boxeur Lucian Bute nous informant qu'il ne viendrait pas. Sauf que le prochain invité à monter sur notre ring était... Lucian Bute ! Que faire ? Ce n'est pas Lucian Bute qui allait nous mettre K.-O. ! La solution était là, toute simple, sous nos yeux. Martin Petit, déjà sur le plateau, sera Lucian Bute. Et il l'a été !

GUY
– C'est important pour toi de remonter dans le ring en Roumanie ?

MARTIN PETIT [EN LUCIAN BUTE]
– Très important, Guy. Parce moi, en Roumanie, quand j'étais petit, j'étais très petit, jusqu'à 14 ans, j'étais 16 pouces. Les gens frappaient, les gens me frappaient, j'étais un ballon... J'étais ridicule... tassé dans le coin comme un ballon, et j'ai dit : « Plus tard, je vais montrer à intimidation que j'ai plus fort poing et respect. »

GUY : « Martin Petit a sauvé l'entrevue en répondant à la "Lucian", avec un accent slave indéterminé. Je le remercie encore trois ans plus tard. »

Dany Turcotte et Justin Trudeau

DANY | ET JUSTIN

DANY: «Ma première rencontre avec Justin Trudeau fut houleuse. Il n'était pas encore en politique active, et la perception que j'avais de lui, marquée par l'impression que son illustre papa m'avait laissée, était plutôt négative. Tout au long de l'entrevue, je l'étrivais. Je le voyais comme le fils de l'autre, riche et parvenu, et je le lui ai fait sentir! Ma carte – "Bonne chance, mon petit PET!"– l'avait achevé! En sortant du studio, il m'a plaqué au mur avec ce regard qui tue! À son retour à l'émission, quelques années plus tard, cette fois comme député, il s'est dirigé vers moi dès son entrée sur le plateau. Il m'a embrassé sur la bouche et m'a laissé totalement médusé et les joues roses devant tous les téléspectateurs, ce qui a mis automatiquement fin aux hostilités. Habile et spectaculaire, le petit PET! Il a le sens du spectacle dans le sang!»

SOPHIE GRÉGOIRE-TRUDEAU
– Tu m'avais dit que t'allais boxer, pas l'embrasser.

JUSTIN TRUDEAU
– Je l'ai boxé la dernière fois.

Est-ce en voyant Dany que Justin Trudeau n'a pu se contenir et qu'il est allé vers lui, enterrant d'un baiser la hache de guerre? Absolument pas! Ce tendre élan était prémédité. Justin Trudeau avait même prévenu la réalisatrice, qui avait ainsi pu placer ses caméras pour pouvoir capter le moment.

CÉLINE | BONNIER

Certains gros malaises ont été évités de justesse... Céline Bonnier était en promotion pour la comédie romantique *French Kiss* avec Claude Legault. Nous allions évidemment lui parler d'amour. Mais peu avant son entrevue, Céline révèle discrètement à Guy que Roy Dupuis et elle ne sont plus en couple. Guy prend les recherchistes à part tout aussi discrètement et leur demande de changer les questions qui faisaient allusion à Roy Dupuis ou à l'amour par des questions d'ordre général. « Surtout, détruisez l'entrevue formatée ! », leur a-t-il dit.

GUY : « Mon entrevue formatée était : "Pour chacune des prochaines questions, tu choisis qui ? Roy Dupuis ou Claude Legault ?" »

TETCHENA | BELLANGE

Autre gaffe réparée *in extremis*. Tetchena Bellange était venue présenter son documentaire *Les mains noires : procès de l'esclave incendiaire*, dans lequel elle raconte l'histoire véridique de Marie-Josèphe-Angélique, une esclave accusée d'être à l'origine d'un incendie qui, en 1734, a rasé une partie de Montréal. Également comédienne, la jeune femme tenait un rôle dans *30 vies*. La maison de production nous avait envoyé un extrait où on voyait une jeune fille noire. La comédienne était bien noire, mais ce n'était pas notre invitée !

TETCHENA BELLANGE
– Toutes les Noires se ressemblent, hein ?

Nous n'avons jamais été aussi gênés devant un invité. En plus, nous étions en plein Mois de l'histoire des Noirs ! Inutile de préciser que nous avons mis la main sur le bon extrait et que vous n'en avez jamais rien su. Jusqu'à maintenant !

ANDRÉ BOISCLAIR | ET MARCEL LEBŒUF

Lors de l'émission de fin d'année 2011, nous voulions consacrer un bloc à l'environnement, alors que l'atmosphère était à la fête. Nous avions réuni Stéphane Dion et André Boisclair. Ancien ministre de l'Environnement du Canada, Stéphane Dion a été l'un des principaux artisans de l'accord de Montréal qui devait assurer la pérennité du protocole de Kyoto après 2012. Mais voilà que le Canada se retirait du protocole de Kyoto. André Boisclair, ancien ministre de l'Environnement du Québec, était, à ce moment-là, conseiller pour la firme Questerre, une compagnie albertaine très active dans l'exploitation du gaz de schiste au Québec. Nous avions également invité le comédien et conférencier Marcel Lebœuf, qui avait été au centre d'une controverse sur les supposées vertus des colliers de Pur Noisetier dont il faisait la promotion.

GUY

– On a d'ailleurs reçu une tonne de courriels à ce sujet: qu'est-ce qui arrive donc avec les résultats de la recherche sur le collier de Pur Noisetier ?

Marcel Lebœuf avait promis sur notre plateau qu'il reviendrait prouver scientifiquement les qualités de l'extrait de noisetier. En ce 31 décembre, il était donc accompagné de la chercheuse Mariana Royer, qui disait effectuer de la recherche pour Pur Noisetier. Selon Marcel Lebœuf, il se vendait à peu près 500 000 bracelets, colliers ou crèmes par année.

ANDRÉ BOISCLAIR

– Est-ce que vous replantez ? C'est-tu bon pour l'environnement ?

Pendant que l'ancien ministre de l'Environnement se questionnait sur l'utilisation écologique de l'eau dans la fabrication des produits du noisetier, Marcel Lebœuf, résidant de Mont-Saint-Hilaire, s'inquiétait sérieusement de la présence du radon, gaz cancérigène, dans son sol. Il voulait avoir des réponses de la part du conseiller d'une compagnie d'exploitation de gaz de schiste, mais il n'en obtenait pas. Marcel insistait. Et insistait.

GUY

– Mais, Marcel, où tu veux en venir avec le radon ?

MARCEL LEBŒUF

– Ben, c'est parce que le radon, si on creuse pour dégager du gaz de schiste...

GUY

– On dégage du radon.

MARCEL LEBŒUF

– Ben, on va dégager du radon.

DANY

– Pis, la noisette peut rien contre ça ?

Marcel ne trouvait pas André Boisclair sympathique, et c'était certainement réciproque. André Boisclair avait adopté un ton condescendant. Les deux étaient en mode défensif, presque agressif.

ANDRÉ BOISCLAIR

– Sujet sympathique, les petits colliers de bois qu'on se met dans le cou.

MARCEL LEBŒUF

– Non, y est pas sympathique.

En guise de carte, Dany a donné un petit cadeau à André Boisclair : Gazodent, un tube de pâte dentifrice qui «rend les dents extrêmement blanches, mais pourrait rendre les mains extrêmement sales», en référence à son contrat de promotion de l'industrie du gaz de schiste. C'en était trop pour l'ancien ministre.

DANY: «Je n'ai rien vu en coulisses, mais monsieur Boisclair était visiblement hors de lui ! Il est venu me voir dans la salle de maquillage et m'a reproché d'avoir fait référence au fait qu'il avait soi-disant été acheté par l'industrie gazière.»

CARTE ANDRÉ BOISCLAIR
Gazodent, un tube de pâte dentifrice qui « rend les dents extrêmement blanches, mais pourrait rendre les mains extrêmement sales »
Cette carte TLMEP est personnelle et est valable sans durée de temps.
TOUT LE MONDE EN PARLE

Aujourd'hui, Marcel Lebœuf se souvient parfaitement de cette entrevue, mais surtout de l'après-entrevue. Les animateurs avaient quitté le plateau avec quelques invités, les autres restaient à leur place pendant que les techniciens ajoutaient les chaises pour les nouveaux invités. «Pendant que personne ne nous regardait, monsieur Boisclair m'a dit, d'une voix blanche, des paroles que je ne peux pas répéter ici. Il était fâché d'avoir été coincé sur la question du radon, mais moi, en venant à l'émission, je ne pensais pas à le coincer. J'ai juste posé une question parce que ça me préoccupe. Il a quand même été ministre de l'Environnement !»

AH, CES ÉTRANGERS !

Vedettes pop, écrivains ou actrices, nous avons reçu plus d'une centaine d'invités internationaux. Quelques-uns ont été d'un charme fou, la plupart ont été aimables et quelques-uns, franchement désagréables.

Elizabeth Gilbert

Avant son entrevue, le très sympathique Alice Cooper est venu se présenter et nous remercier de l'avoir invité. André Ducharme a passé dix bonnes minutes avec lui à jaser de golf, leur passion commune. Enrique Iglesias a été charmant, et Nick Cave, agréable et discret. Phil Collins se promenait dans le corridor, timide, effacé et gentil: nul ne le reconnaissait. Quant à Mika et à Stromae, ils ont prouvé, une fois de plus, qu'on peut être bourré de talent, aimable et avoir... moins de 30 ans!

ELIZABETH | GILBERT

En promotion pour son nouveau roman, *L'empreinte de toute chose*, la célèbre auteure de *Mange, prie, aime* était de passage à Montréal, où elle vient à l'occasion avec son mari pour retrouver un peu de l'esprit de l'Europe, les bons vins et les bons restaurants. En coulisses, elle faisait son effet. Curieuse, elle posait des questions sur les gens, sur l'émission, et elle écoutait chaque réponse avec une grande attention. La documentaliste Catherine Lalonde, aux anges de rencontrer la *superstar* de la littérature, raconte: «Pour moi, c'est l'invitée internationale qui était le plus à la hauteur de mes attentes. Elle semble vraiment très reconnaissante de l'admiration que les gens ont pour elle et de la chance qu'elle a de faire ce métier et de voyager autant.»

Sur la page de gauche: Victoria Abril, Stromae, Alice Cooper, Enrique Iglesias, Nick Cave, Phil Collins, Priyanka Chopra et Mika.

Gene Simmons et Paul Stanley

KISS

Gene Simmons et Paul Stanley, du légendaire groupe Kiss, sont venus manger dans notre salle de repas, de travail et de télé, et ils ont sympathisé avec l'équipe, particulièrement avec Fannie Bissonnette, l'assistante de production: «Gene Simmons et Paul Stanley voulaient des fruits, se souvient-elle. Beaucoup de fruits! Ils ont pratiquement englouti l'assiette complète du traiteur. Gene Simmons m'a même montré ce qu'il savait faire avec sa célèbre langue et cet infidèle notoire m'a invitée à venir le rejoindre dans sa chambre d'hôtel!» Et ils ont beaucoup, beaucoup sympathisé avec Micheline Robert, la maquilleuse: «Ils étaient vraiment de bonne humeur, raconte Micheline. Ils ne restaient pas en place et fouillaient comme des enfants dans mes affaires de maquillage. Deux vrais tannants. On n'avait jamais vu ça. Après s'être fait maquiller, Gene a laissé la carte magnétique de sa chambre d'hôtel sur ma table de travail.»

Ni Fannie ni Micheline n'y sont allées.

Priyanka Chopra, dans les coulisses de TLMEP

PRIYANKA | CHOPRA

La seule fois que le hall d'entrée de Radio-Canada a été pris d'assaut, c'est par les *fans* en délire d'une artiste que nous ne connaissions pas du tout avant qu'on nous la propose! La *star* du cinéma indien Priyanka Chopra avait insisté pour rencontrer ses admirateurs dans une salle où les chanceux ont pu se faire photographier en privé avec elle. Elle a reçu un accueil auquel n'ont même pas eu droit Jon Bon Jovi, James Blunt et Enrique Iglesias. Il faut dire que l'actrice de Bollywood et chanteuse avait tweeté sa venue à Radio-Canada...

LAURA | CARMICHAEL

L'adaptation française de *Downton Abbey* était diffusée à Radio-Canada et nous voulions recevoir un acteur de la populaire série britannique. La série étant en plein tournage, l'équipe de production nous a fait savoir que nous ne saurions qu'à la dernière minute qui pourrait se libérer 48 heures pour venir à Montréal. Le samedi précédant l'entrevue, on nous confirme que ce sera Laura Carmichael. Nous savions que son personnage de Lady Edith allait devenir de plus en plus présent dans la série. Nous étions ravis.

La jeune actrice a été charmante, curieuse de tout, ravie d'être à Montréal et de faire la promotion de la série qui l'a fait connaître. Même si elle ne parlait ni ne comprenait le français, elle a accepté de rester sur le plateau après son entrevue.

Après l'enregistrement, Laura et son attachée de presse ont accompagné l'équipe et quelques autres invités avec enthousiasme au restaurant. L'heure avançait, mais les Londoniennes restaient sous le coup de l'excitation en prenant un petit coup. À la fermeture du restaurant, j'ai proposé aux voyageuses, encore plus enthousiastes, de les raccompagner à leur hôtel, mais après un détour par le belvédère du mont Royal. Il faisait un froid mordant, mais elles s'extasièrent de longues minutes devant la vue surprenante qui s'offrait sous leurs yeux. J'ai pris soin de les prévenir de ne pas jeter un œil du côté des voitures voisines ! Ravies, comblées, épuisées et frigorifiées, elles sont rentrées sagement à l'hôtel.

Laura Carmichael et Carole-Andrée Laniel, au Continental

MUSE

Les membres du groupe de rock alternatif anglais n'ont vraiment pas laissé un bon souvenir à ceux qui travaillent en coulisses. Pas sympathiques, les membres de Muse ont refusé de rester dans leur loge parce qu'ils la jugeaient trop laide – là, ils marquent un point. Ils ont aussi refusé la nourriture qu'on leur proposait, malgré la légendaire gentillesse dont notre équipe fait preuve. Ils ont préféré aller à la cafétéria au niveau A. Il a donc fallu les attendre pour commencer l'entrevue au niveau C. Du jamais vu! Quand ils ont quitté le studio, j'ai accepté de les raccompagner jusqu'à la sortie. Alors que je marchais devant eux pour leur montrer le chemin, j'ai ralenti le pas pour être à leur hauteur. L'un d'eux m'a chuchoté à l'oreille: « Marche devant. » Sur le coup, je n'ai pas compris ce qu'il voulait dire. Il me répéta donc: « Marche devant. » Tout s'éclaira: il me demandait de garder une distance entre eux et moi!

Matthew Bellamy et Dominic Howard

JON | BON JOVI

Le leader du groupe du New Jersey n'a eu d'égard ou de regard pour personne, malgré un accueil délirant du public. On a même vu une spectatrice fondre en larmes... André Ducharme se souvient «qu'il soupirait et regardait en l'air pendant que Guy lui posait des questions, mais qu'il retrouvait le sourire et se faisait des plus charmants quand c'était à son tour de parler».

Jon Bon Jovi

PAUL | ANKA

Le célèbre chanteur canadien a vendu 80 millions d'albums dans le monde. Il venait présenter son autobiographie, *My Way*, et son nouvel album, *Duets*. «Monsieur Anka était plutôt contrôlant sur les images et les extraits visuels qu'il nous autorisait à diffuser, explique la recherchiste Marylène Fortier. Ça n'augurait rien de bon pour l'entrevue. En fouillant dans les archives, je suis tombée sur une émission en noir et blanc consacrée au jeune *crooner*. On y voyait ses parents commenter le succès de leur fils, alors au début de sa carrière. J'espérais que monsieur Anka allait bien réagir, même si ce court extrait d'entrevue montrant son père ne faisait pas partie du plan de match initial. En studio, quand il a vu son père à l'écran, il a été touché droit au cœur. Il n'avait jamais vu ces images!»

«Il a longuement remercié l'équipe de lui avoir fait vivre ce moment d'émotion et a demandé qu'on lui fasse parvenir une copie de l'intégrale de cette émission spéciale. Un gentleman à la hauteur de sa légende!»

Paul Anka

AH, CES FRANÇAIS !

Au fil des saisons, nous avons reçu de nombreuses vedettes françaises. Certaines ont été aimables mais timides, comme Marion Cotillard ou Charlotte Gainsbourg, récalcitrantes, comme Maïwenn, touchantes et sympathiques, comme Lou Doillon, ou vives, comme Bernard Pivot ou Frédéric Beigbeder. D'autres ont été complètement délirantes, comme Arielle Dombasle, Alexandre Jardin ou Franck Dubosc, à tel point que nous les avons réinvitées. Séparément !

Juliette Binoche

JULIETTE | BINOCHE

Elle a donné une entrevue correcte, sans plus. Pourtant, en quittant le studio 42, elle a glissé à l'oreille de Guy à quel point elle avait trouvé les questions intelligentes et pertinentes, et combien elle avait apprécié l'entrevue. Même chose pour Francis Cabrel, qui ne parlait pas pendant l'entrevue. En fait, Guy l'avait trouvé plate. Pourtant, le chanteur français a dit à son attaché de presse avoir eu beaucoup de plaisir. Cherchez l'erreur !

BÉATRICE | DALLE

 **GUY :** « Les Français sont comme les policiers et les avocats. La plupart sont charmants et compétents, mais les pommes pourries donnent mauvaise réputation aux autres. Béatrice Dalle a donné l'impression que les Français étaient désagréables. Ce qui est loin d'être le cas. La plupart des invités français qu'on a reçus étaient brillants, charmants et conviviaux, alors que Béatrice n'était que Dalle – #poudoumdish. »

#POUDOUMDISH

Sur la page de gauche : Arielle Dombasle, Charles Aznavour, Patrick Bruel, Charlotte Gainsbourg, Bernard Pivot et Marion Cotillard.

Alexi-Martin Courtemanche , Carole Bouquet et Dany Turcotte

CAROLE | BOUQUET

La belle dormait sous une fourrure, dans le petit salon attenant au studio d'enregistrement. En coulisses, on craignait de se retrouver avec une invitée endormie, voire endormante. Mais une fois sous les projecteurs, Carole Bouquet a été vive, amusante et généreuse. L'actrice est aussi vigneronne. Sur ses terres de Pantelleria, une petite île au sud de la Sicile, elle produit un vin liquoreux appelé Sangue d'Oro, que nous voulions déguster en sa compagnie. Hélas, si c'était bien le vin de la dame que nous avions entre les mains, ce n'était pas la bonne année. Honte à nous, nous nous apprêtions à servir un 2002, alors qu'elle a commencé à vinifier son passito en 2005. On a, bien sûr, coupé tout ça au montage – après avoir bu, évidemment !

DANY: «Mon conjoint, Alexi, est un fan fini de Carole Bouquet, et on la reçoit à l'émission ! Son but : avoir une photo avec madame ! On se dirige vers le salon VIP, où Carole Bouquet fait la sieste, savamment placée sous une lumière qui la met en valeur, emmitouflée dans son manteau de chinchilla, les yeux fermés, la main sur le front, dans une pose de superstar que seule une vraie peut réussir à rendre aussi crédible ! Je me suis tourné vers Alexi et je lui ai chuchoté : "J'crois que c'est pas le moment !" Trente minutes plus tard, on avait la photo. Elle a été sur l'écran de veille de l'ordi d'Alexi pendant un an !»

CHRISTOPHE | LAMBERT

Désagréable et impatient dans sa loge, Christophe Lambert a insisté pour passer tout de suite en entrevue. «En France, on ne fait pas attendre les stars», prétendait-il. Ce qui est totalement faux! Nous l'avons calmé avec des mots, il s'est calmé avec de l'alcool, puis, comme par miracle, une fois devant les caméras, il a été très drôle.

GUY
– Est-ce qu'il vous est arrivé de refaire le cri de Tarzan par la suite pour le plaisir dans votre vie personnelle?

CHRISTOPHE LAMBERT
– Ça dépend des situations et je ne vais pas vous les exposer là maintenant, mais ouais, le même genre de cri, ouais, ça m'arrive.

ROMAIN | DURIS

Que dire de cet acteur français qui n'avait pas envie d'être là et qui nous l'a fait bien sentir? Attitude dédaigneuse, réponses minimalistes, marmonnements à répétition, c'était ridicule. Nous savions tous que la contre-performance de l'acteur allait nuire au film. C'était pour quel film déjà?

GÉRARD | DEPARDIEU

Avant de pisser dans des avions, de vivre la grande expérience de la démocratie en Russie et de quitter la comédie pour la contemplation, Gérard Depardieu a été un formidable acteur. Et un invité formidable.

Guillaume Lespérance, producteur délégué de *Tout le monde en parle* : « Depardieu est arrivé à Montréal quelques jours avant son entrevue. Nous n'avions pas coordonné sa venue, donc j'ignorais quand il arrivait et quand il partait. Le mardi précédant l'enregistrement, je reçois un appel :

— Guillaume, ça va ?
— ...
— C'est Gérard.
— Gérard ?
— Gérard Depardieu ! Je suis à l'aéroport. Tu viens me chercher ?
— Non Gérard, je ne peux pas, je suis en *meeting*. [J'étais vraiment en réunion et c'était la première fois de ma vie que je lui parlais.]
— Bon, OK. Je te rappelle plus tard.

Et Gérard m'a appelé comme ça au moins cinq fois pendant son séjour pour me raconter ce qu'il faisait. »

GUY : « Gérard m'avait invité à sa dégustation de vin organisée par François Chartier au Pied-du-Courant. Le courant était aussitôt passé entre lui et moi, et nous avions devisé toute la soirée en goûtant chacun de ses vins. J'avais amené Carole-Andrée Laniel, ma rédactrice en chef, qui se liquéfiait à l'idée de rencontrer son idole. Le Gérard d'aujourd'hui était plus empâté que celui d'hier, mais Carole-Andrée fut néanmoins très impressionnée.

Le lendemain matin, Gérard m'appelle sur mon cellulaire. (Où a-t-il obtenu mon numéro ?)

— Guy A., c'est Gérard. J'ai un gros souci, là.
— Euh... oui ? [Ça y est, il va annuler l'entrevue.]

— Je dois absolument partir ce soir. Mon vol est à 20 h 30.

— Euh... On enregistre à 19 h.

— Je sais. Écoute, on ne pourrait pas commencer à 18 h ? J'arrive en premier, je passe une heure avec toi, et ensuite, je me tire.

— Euh... C'est qu'on a 150 personnes en studio qu'il faut contacter, toute l'équipe technique à avertir...

— Si tu acceptes, tu pourras me poser TOUTES les questions sur TOUS les sujets.

— [Je fais semblant de réfléchir 10 secondes en silence.] D'accord.

— Merci, Guy A. Tu me sauves la vie.

Gérard a été exceptionnellement généreux en entrevue, dépassant largement l'heure convenue : "Air France ? Ils vont m'attendre."»

Au moment de partir pour l'aéroport, Depardieu s'est arrêté devant moi et m'a dit, doucement : « Bonsoir, Mademoiselle. » Je l'ai regardé s'éloigner tout en retenant l'instant.

Charlotte Le Bon

DÉCALAGES

Les Charlotte Le Bon, Alexandre Jardin, Arielle Dombasle, Victoria Abril et Henri Salvador ont été des invités plus que généreux. Parfois grâce au décalage horaire. Ils déliraient avec nous, pour le plus grand bonheur de tous, mais jamais autant que Marie-Josée Croze, qui arrivait de Paris pour faire la promotion du film français *Mensonges et trahisons*.

MARIE-JOSÉE | CROZE

L'entrevue de Marie-Josée Croze est certainement la plus surréaliste que nous ayons réalisée. Elle tenait des propos originaux et parfois décousus qui nous avaient égayés. Enfin, nous, au studio 42. Quelle entrevue divertissante et étonnante! Mais voilà, certains téléspectateurs ou journalistes n'ont pas apprécié son numéro et lui ont reproché son état, peu importe lequel. Pierre Foglia, quant à lui, écrivait: «Hier, il y a eu la meilleure entrevue depuis que l'émission existe, et peut-être même depuis que la télévision existe: cette

Marie-Josée Croze douce et dingue et si joliment décapsulée.»

En promotion depuis l'aurore, Marie-Josée délirait de façon absurde sur notre plateau, comme d'autres invités qui, comme elle, sont arrivés sur le plateau sous l'effet non pas de l'alcool, mais du décalage horaire.

GUY

– Je te cite au sujet de la mort: «Ça doit être tout un *buzz* de mourir toute une *gang* en même temps. En tout cas, mes amis veulent plus prendre l'avion avec moi parce qu'ils savent que c'est mon rêve.»

MARIE-JOSÉE CROZE

– Il paraîtrait que quand y a des catastrophes aériennes, y a un silence. Juste avant la catastrophe, y a un silence et, tout d'un coup, les gens se recueillent. Et tout d'un coup, on passe un bon moment en groupe. Avant de quitter ce monde magnifique. Pourquoi pas?

ALEJANDRO | JODOROWSKY

Nous ne recevons pas toutes les légendes vivantes qui passent par la métropole, mais les astres s'étaient alignés pour que le réalisateur, auteur et bédéiste Alejandro Jodorowsky se retrouve sur notre plateau. Malgré le décalage horaire et une journée éreintante, le vieil homme impressionna tout le monde, y compris Mathieu Fournier, l'un de nos recherchistes. «Pour moi, se souvient-il, c'était toute une opportunité de me plonger dans une œuvre aussi foisonnante. J'avais assisté à l'une de ses conférences, et je disposais d'une semaine pour absorber ses films cultes, quelques livres et bandes dessinées. Sans prétention, j'ai ensuite tenté de dompter en quelques "cartons" la vie fougueuse de ce créateur octogénaire.

Artiste sans limites et éternel insoumis, Jodorowsky arriva toutefois, le soir de l'enregistrement, sous les traits tirés d'un vieil homme fatigué. Il demanda une simple chaise dans un lieu isolé. Ainsi, c'est dans le chaos organisé de notre arrière-scène qu'il trouva un espace de liberté. Sur une simple chaise, Jodorowsky a attendu son passage sur le plateau. En silence.

Si j'ai d'abord été inquiet en découvrant ce vieillard immobile, j'ai été sidéré en assistant, après une courte retraite dans le ventre de Radio-Canada, au réveil du monstre sacré. Maître de l'illusion, Jodorowsky a pris d'assaut le plateau et prouvé qu'il détenait aussi le secret de la jeunesse éternelle. La vraie. L'immortalité de la passion, de la création et des idées.

Depuis, en cas de doute ou de stress intense, je prends quelques minutes pour m'asseoir en silence. Et je pense. Merci, Jodorowsky!»

Alejandro Jodorowsky

Dany Turcotte,
Thierry Ardisson et
Guy A. Lepage

PARIS *TOO MUCH*

«Vive la France!», disent les uns. «Maudits Français!», disent les autres. En dix ans, nous n'avons tourné qu'une seule émission hors des murs de Radio-Canada, et c'est à Paris que ça s'est passé, ville mère de *Tout le monde en parle*. Tout était compliqué et tout était contraignant. L'équipe radio-canadienne, sous le décalage horaire, était de mauvais poil. Les installations du célèbre Moulin Rouge, où nous filmions l'émission, étaient vétustes, les ordinateurs, lents, et les salles de travail, inadéquates, avec des rideaux lourds et poussiéreux comme cloison. Les loges étaient exiguës, et les tapis, brûlés par des milliers de cigarettes et usés par autant de pas.

Nous avions reçu deux fois la même consigne: même dans ces espaces réduits, Thierry Ardisson et Laurent Ruquier, l'animateur d'*On n'est pas couché*, ne devaient se croiser à aucun moment, sous aucun prétexte. C'était vaudevillesque! L'entourage de Laurent Ruquier était des plus désagréables. Une de ses assistantes a même voulu arrêter l'entrevue parce que nous avions pris du retard et que monsieur devait partir avant qu'Ardisson arrive! N'oublions pas que Laurent Ruquier et Thierry Ardisson

ne devaient pas se croiser! Pendant qu'une assistante d'Ardisson écoutait l'entrevue de Ruquier pour rapporter ses propos à son patron, un autre apportait son *pressing* en scooter, et une troisième s'assurait que sa loge était dans un état exemplaire: champagne à la température parfaite et bouchées d'une fraîcheur irréprochable. Puis, le bataillon d'assistants a attendu monsieur Ardisson dans la loge pour *popper* le champagne à son arrivée! Enfin, Thierry s'est présenté au rendez-vous dans la bonne humeur. Et les animateurs ne se sont jamais croisés.

Les autres invités ont, eux aussi, été *challenging*. Frédéric Beigbeder devait partir tôt pour libérer la jeune fille qui faisait du *babysitting* chez lui, et Alain Chabat ne resterait pas après son entrevue, car il avait un *meeting* – un vendredi soir! Cédric Ben Abdallah, brièvement connu pour son rôle d'amant d'Hélène Florent dans *La galère*, n'en pouvait plus d'attendre son tour et trouvait tout ça *exhausting*. L'actrice et chanteuse Emmanuelle Seigner adoptait une attitude *boring*, ne répondant pas aux questions sur son album, et encore moins à celles sur l'emprisonnement de son mari, Roman Polanski, alors qu'elle s'était étendue sur le sujet dans les magazines français – que nous avions lus, *of course*. Au montage, Emmanuelle a été *zappée*.

L'équipe québécoise et les invités qui ont survécu au tournage se sont retrouvés au luxueux hôtel Costes, rue Saint-Honoré. Peu de souvenirs ont résisté à cette soirée bien arrosée. En fait, une seule photo.

GUY: « Je me souviens d'une équipe technique efficace et gentille alors que plusieurs techniciens français étaient venus nous féliciter après le *show*. C'est une expérience que je referais n'importe quand. »

Le plateau parisien de *Tout le monde en parle*, version québécoise

ON S'AMUSE, LÀ !

On ne fait pas une émission comme *Tout le monde en parle* pendant dix ans sans avoir de nombreux souvenirs de moments qui font sourire. Devant ou derrière la caméra... En voici quelques-uns.

Mathyas Lefebure

L'ODEUR | DU BERGER

GUY

– Tu chantes beaucoup pour les moutons? Qu'est-ce que tu leur chantes?

MATHYAS LEFEBURE

– Euh... du Plume.

À l'aube de la trentaine, Mathyas Lefebure était cadre à l'agence publicitaire Cossette, à Montréal. Il gagnait très bien sa vie, il avait un loft et beaucoup de pression. Un jour, sa blonde, qui étudiait en Provence, lui envoie une lettre avec un dessin de moutons. L'ancien étudiant en philosophie largue tout et devient berger en France. Il tombe dans ce qu'il appelle son «songe pastoral».

MATHYAS LEFEBURE

– En gros, je partais dans une lande avec de la lavande pour fumer ma pipe, appuyé sur un bâton, dans toutes les belles images folkloriques avec des moutons qui m'entouraient, puis qui m'aimaient d'un amour courtois.

Si le berger-philosophe amusait le studio avec son expérience hors du commun, son odeur de berger était franchement dérangeante. Comme il nous l'avait expliqué lui-même, un berger ne prend pas souvent de douche, parfois rien pendant quatre mois. D'où la question de Guy: «Qu'est-ce qui sent le plus mauvais, le mouton ou le berger?»

MATHYAS LEFEBURE

– On s'habitue à tout, donc je peux plus te dire. Par contre, après un certain nombre de semaines en montagne, il y a comme un processus d'auto-nettoyage du corps qui se met en branle, et c'est les touristes qui sentent le savon qui puent, qui sentent mauvais. On les sent à 200 mètres, les randonneurs. L'*aftershave*, là, c'est dégueulasse. Même le savon.

Sauf que dans le studio 42, ça sentait la bergerie à plein nez! Et Mathyas Lefebure avait pris cinq douches en cinq jours depuis son arrivée à Montréal. «Un choc», dira-t-il. Un choc encore pour nous, dirons-nous.

RAMPE DE LANCEMENT

Avec un auditoire de plus d'un million de spectateurs, *Tout le monde en parle* constitue une formidable vitrine pour quiconque y est invité. Pour certains, l'émission a propulsé leur carrière, changé leur vie, modifié leur image, ou même fait office d'entremetteuse!

Rachid Badouri

RACHID | BADOURI

Pour un artiste, son passage à l'émission peut avoir des répercussions importantes sur sa carrière. Étoile montante, Rachid Badouri était encore peu connu du grand public quand il est venu présenter son premier *one man show*. Le jour de l'enregistrement, il restait encore beaucoup de billets à vendre pour son spectacle, dont la première avait lieu trois jours plus tard. Rachid est arrivé sur le plateau avec des crêpes.

GUY
– Rachid, ta mère nous a fait des crêpes.

RACHID BADOURI

– Oui. Ma mère a une «manie» : chaque fois que je vais à une émission, elle me dit : «Amène-leur des crêpes.» Là, mon père m'a dit :

– Oui, ça serait une bonne idée

– Papa, tu connais même pas l'animateur qui fait l'émission.

– Je le connais.

– Ah oui ? C'est qui l'animateur ?

– C'est lui qui fait… comment il s'appelle ? Madame Brossard de Brossard !

En quelques minutes, Rachid Badouri a présenté avec humour les principaux personnages de sa vie et de ses spectacles : ses parents. Le public était conquis et, dès le lendemain de la diffusion, le spectacle affichait complet. Comme le dit si bien Sylvie Savard, son attachée de presse : « Il avait *scoré* avec les crêpes de sa mère ! »

LAETITIA | ANGBA

La jeune Laetitia Angba était menacée d'expulsion vers la Côte d'Ivoire à cause du dossier d'immigration de son père, accusé de polygamie. Un mouvement de solidarité avait été lancé pour empêcher l'expulsion de cette jeune fille très bien intégrée au Québec. Elle était impliquée dans la vie étudiante, dans une chorale, dans la ligue d'improvisation, et elle faisait du tutorat et de l'aide aux devoirs auprès des élèves du primaire. Comme l'a demandé Guy : « Quessé que ça prend, bout de viarge, pour rester au Canada ? » Dans ce cas-ci, la réponse pourrait bien être : « Ça prend *Tout le monde en parle* ! »

À son passage à l'émission, Laetitia venait d'avoir 18 ans et, depuis six ans, vivait avec la menace d'une expulsion. Toutes ces années, elle avait essayé, autant que possible, de rester optimiste. Sauf qu'à l'entrée dans la vie adulte, la menace est devenue une réalité. Sa lune de miel avec son pays d'adoption se terminait déjà. Les médias s'étaient intéressés à sa cause, mais l'élément déclencheur, qui a eu un impact décisif sur la décision ministérielle, a été TLMEP. « Tout à coup, mon histoire a été exposée partout au Québec, se souvient Laetitia. J'ai commencé à recevoir des

CÔTE D'IVOIRE

messages d'amis, des lettres d'amis d'amis qui me disaient avoir écrit à la ministre pour que je reste au pays. »

Maître Stéphane Handfield, l'avocat de Laetitia : « Le lendemain de la diffusion, j'ai été inondé d'appels et de courriels. Le bureau de Diane Finley, alors ministre de l'Immigration, a aussi reçu énormément d'appels. Dans la même semaine, j'ai reçu un appel du bureau du directeur de Citoyenneté et Immigration Canada de Montréal, et de celui d'Ottawa, afin de régler le dossier ! Donc, oui, notre passage à *Tout le monde en parle* a fait en sorte de régler notre dossier et d'éviter l'expulsion de cette jeune fille qui a, ensuite, entrepris des études en droit ! »

Exit l'expulsion : Laetitia a pu rester au Canada. Aujourd'hui, elle termine ses études et se prépare à une nouvelle vie où le droit, les voyages et la maternité tiendront une grande place. « J'aimerais bien créer une fondation où je pourrais aider des jeunes ou des familles qui ont des problèmes avec l'immigration. »

MIA | FARROW

Lors de son passage à l'émission, l'actrice et ambassadrice de bonne volonté de l'UNICEF Mia Farrow était très engagée dans l'action humanitaire. Invitée par le Sommet du millénaire de Montréal, elle avait demandé au public québécois de faire pression sur Steven Spielberg pour qu'il démissionne de son poste de directeur artistique des cérémonies des Jeux olympiques de Beijing, étant donné les liens entre la Chine et la crise humanitaire au Darfour.

Spielberg avait finalement démissionné, et Mia Farrow nous avait écrit pour remercier les téléspectateurs, parce qu'elle nous a dit que c'était sur le plateau de *Tout le monde en parle* que tout avait commencé. Voici sa lettre :

Je me souviendrai toujours de ce jour de novembre 2007, quand j'ai participé à *Tout le monde en parle* en compagnie de Daniel Germain et de Patrick Huard pour le Sommet du millénaire de Montréal, et que j'ai demandé l'aide des gens de Montréal afin de faire pression sur la Chine en contactant monsieur Steven Spielberg, impliqué en tant que directeur artistique des Jeux olympiques de Beijing de 2008.

Beaucoup de gens, à Montréal et partout sur la planète, se sont manifestés, et ils ont été entendus : hier, monsieur Spielberg a annoncé officiellement sa décision de mettre fin à son implication dans les cérémonies d'ouverture et de fermeture des Jeux olympiques de Beijing, pour des raisons morales. [...]

Nous avons le pouvoir de changer la vie de ces hommes, femmes et enfants abandonnés et désespérés du Darfour en faisant entendre notre voix. Je vous implore de tout mon cœur de faire (de continuer de faire) ce que vous pouvez pour aider ces gens.

Merci pour votre incroyable soutien.

— Mia Farrow

Fred Pellerin
et Robert Charlebois

FRED | PELLERIN

Fred Pellerin était alors bien connu des médias, mais beaucoup moins du grand public. Il nous avait impressionnés avec ses spectacles, ses livres et ses chroniques sur son village à la radio, mais on savait qu'il était aussi un formidable invité, un conteur hors du commun. Nous l'avions donc reçu avec enthousiasme et il a littéralement volé le *show*. Les téléspectateurs sont immédiatement tombés sous le charme du conteur de Saint-Élie-de-Caxton et, dès le lendemain de l'entrevue, les effets se sont fait sentir.

«Avant mon passage à *Tout le monde en parle*, j'étais connu un peu dans le petit monde des médias, parce que j'avais fait mes chroniques de village à l'émission *Indicatif présent*, animée par Marie-France Bazzo, et des capsules langagières ou légendaires sur des émissions de *tévé*. J'étais aussi connu d'un petit public, parce que je tour-

nais mes spectacles de contes dans les écoles, les petites salles de spectacle, les maisons de la culture. Je roulais ma bosse modestement, mais avec grand bonheur, dans un petit chemin d'à côté.

Quand la bande à Guy m'a invité pour la première fois, c'était pour la sortie de mon CD-livre *Comme une odeur de muscles*. Ça veut dire que je roulais déjà mon troisième spectacle. Pour le grand public, j'ai commencé à exister à ce moment-là.

Je ne savais pas quel impact pouvait avoir un passage dans une émission comme *Tout le monde en parle*. L'émission était assez neuve au Québec.

Nous en étions à la deuxième saison. Comme je mesurais mal l'ampleur de la patente, j'avais le stress un peu flou. Par contre, une fois rendu dans les coulisses, je suis devenu un peu plus nerveux. Pour le contexte, et si ma mémoire est bonne, il faut se rappeler que je passais la semaine qui suivait de pas loin celle où Chapleau avait décoiffé Raël, et que j'entrais sur le plateau tout juste après l'entrevue du docteur Mailloux, qui avait lancé ses propos controversés sur les Noirs. Tout pouvait arriver !

Le jour de la diffusion de l'émission, je prenais l'avion pour la France. J'ai pu en écouter un bout à l'aéroport, dans le bar pas loin de la porte 52. Les premières répercussions, je les ai donc suivies à distance, à partir du lendemain. Pour moi, ça venait en écho, donc. Par contre, je sais qu'au bureau, dès le lendemain de la diffusion, la boîte vocale débordait avant même de commencer la journée. Plusieurs mentions dans les journaux, les billetteries qui se mettent à s'emballer, les ventes des CD-livres qui explosent, les salles de partout au Québec qui veulent des dates de spectacles…

Avec l'équipe du bureau de Micheline Sarrazin, avec qui je travaillais depuis quelques années, habitués à promener notre petit bateau avec une lentille sur deux mois, on s'est retrouvés bien vite à ne plus pouvoir fournir à la demande. Rupture de stock dans les librairies, plus de billets en circulation, et tout ce paquet de beaux problèmes heureux qu'on n'ose même pas se souhaiter. On s'est ajusté les flûtes rapidement, à jouer dans des salles plus grandes et dessiner le calendrier plus longtemps à l'avance pour mieux tenir la route. Comme ça. Et jusqu'à aujourd'hui. Depuis cet automne de 2005, aujourd'hui, à tourner mon cinquième spectacle, j'ai eu la chance de ne jouer que devant des salles combles partout au Québec.

Quelques semaines après mon premier passage à *Tout le monde en parle*, j'ai été invité à rencontrer Guy Gagnon et Patrick Roy, d'Alliance Vivafilm, qui m'ont dit m'avoir vu sur le plateau pour ensuite aller flâner dans mes contes. Ils me demandaient si j'avais envie de voir mon univers porté au grand écran et m'expliquaient comment on pouvait le faire. De cette première jasette naîtrait, quelques

> **GUY**
> FRED, T'ES UNE BIBITTE RARE, PARCE QUE T'ES UN CROISEMENT ENTRE HARRY POTTER ET YVON DESCHAMPS !

années plus tard, le film *Babine* et, il y a moins longtemps, *Ésimésac*. »

Après l'enregistrement, Fred avait accepté de nous accompagner dans un bar, question de poursuivre la soirée et de prouver qu'il y a une vie après *Tout le monde en parle*. Il avait alors expliqué qu'il ne s'éloignait jamais du terminus d'autobus Voyageur quand il venait à Montréal. Ce soir-là, il ne s'était jamais autant éloigné de son port d'attache.

« Je m'en souviens bien, dit-il aujourd'hui. J'ai toujours ce réflexe de me tenir dans les mêmes coins. Malgré les années et les voyages, je continue à être facilement dépaysé. Comme ça, en retournant aux mêmes endroits chaque fois, je m'invente des petits territoires que je connais, des simili chez-nous qui me rassurent. Ce soir-là, avec un plateau de *Tout le monde en parle* et un Plan B sur Mont-Royal, vous veniez de m'étirer la géographie. On avait mangé des rillettes, non ? Pour me rassurer, on les appelait des cretons ! »

DALILA | AWADA

Dalila Awada est une jeune étudiante en sociologie à l'UQAM. Avant son passage à *Tout le monde en parle*, elle n'avait accordé que quelques entrevues sur le port du voile et la charte des valeurs. Elle ne s'attendait donc pas à ce que le ciel lui tombe sur la tête (voilée, bien sûr) à la suite de son échange sur la charte avec Djemila Benhabib, auteure, entre autres, du livre *Ma vie à contre-Coran* et candidate péquiste aux élections de 2012. Un débat mené « avec pertinence et intelligence », selon Richard Therrien, chroniqueur au *Soleil*, qui a décerné sa traditionnelle étoile du match aux deux femmes.

« Le dimanche soir, pendant la diffusion de l'émission, j'ai reçu des centaines de demandes d'amitié Facebook, raconte Dalila Awada aujourd'hui. Des sollicitations et des conseils : j'ai eu l'impression de devenir tout à coup une référence. Dès le lendemain, dans la rue, on me reconnaissait. Je suis passée de l'anonymat à une certaine forme de notoriété. Mais la campagne de salissage sur les réseaux sociaux a pété ma bulle. »

En effet, un message a commencé à circuler à grande échelle, sous forme de vidéo ou de lettre, intitulé « Ce que Guy A. Lepage et ses recherchistes nous ont caché. Qui est Dalila Awada ? Ce qu'elle ne nous a pas dit à *Tout le monde en parle* ». La jeune musulmane y était entre autres dépeinte comme œuvrant pour le réseau islamiste québécois.

« J'ai reçu des menaces dans le genre "On va te renvoyer dans un *container* en Afghanistan" et beaucoup de courriels sur mon apparence physique. Il arrivait que je réponde à des insultes en privé et, tout à coup, le ton changeait. À force de discussion, un dialogue pouvait même s'installer. Sur les réseaux sociaux, ils se sentent forts. Avec un doigt, ils t'agressent, mais dès que tu réponds, oups, le ton change. Plus facile de cliquer que de se confronter en pleine face ! »

Par la suite, Dalila Awada a participé à l'émission *Infoman*, elle a été caricaturée dans le *Bye Bye 2013*, consécration suprême pour tout acteur de l'actualité, et elle écrit un blogue sur le site de l'hebdomadaire *Voir*. Elle a aussi été invitée dans les cégeps pour parler de la charte. « Presque toutes les questions qu'on me pose après ma présentation portent sur *Tout le monde en parle* ! »

Quelques mois après son passage à l'émission, Dalila Awada a intenté une poursuite pour diffamation contre des militants prolaïcité.

GEORGES | ST-PIERRE

Avant sa première entrevue à TLMEP, Georges St-Pierre se battait non seulement pour gagner sur le ring, mais aussi pour la reconnaissance des arts martiaux mixtes qu'il pratiquait. Les journalistes cherchaient toujours à le coincer avec des questions tendancieuses, et le champion percevait un certain mépris envers son sport. Sur notre plateau, pour la première fois, il s'est senti pris au sérieux et respecté. «Je me suis beaucoup fait dire qu'on m'avait vu à l'émission, se souvient-il aujourd'hui. Les gens disaient qu'ils ne connaissaient pas mon sport et qu'ils avaient trouvé ça intéressant. J'ai été bien traité par l'équipe et je leur en suis reconnaissant. Ç'a été bon pour mon image.»

La recherchiste Nancy Vanasse devait préparer l'entrevue de Georges St-Pierre. Elle avait beaucoup de préjugés sur l'athlète et sa discipline. Plus elle lisait sur les arts martiaux mixtes, plus elle était révoltée, mais plus elle lisait sur Georges St-Pierre, plus ses préjugés tombaient les uns après les autres – et elle en avait beaucoup! En début de semaine, Georges n'était, pour elle, qu'une brute donneuse de coups de tête, de poing et de genou. Et le dimanche soir, c'était un homme d'une grande profondeur et un athlète hors du commun – en plus d'être beau!

Fébrile, Nancy avait hâte de rencontrer son coup de cœur. Elle multipliait les blagues de toutes sortes lors du souper avant l'enregistrement, parlait de tout, de rien et de n'importe quoi quand, tout à coup, elle s'est levée avec effet, a regardé silencieusement sa montre et s'est exclamée: «Bon, Georges St-Pierre arrive à 8 h. Il me reste deux heures pour perdre 15 livres.» Sur ce, elle nous a tourné le dos et a quitté la pièce. Guy en rit encore.

SIMPLE | PLAN

– Nos prochains invités ont vendu près de 5 millions d'exemplaires de leurs deux premiers albums. Ils s'en vont faire une tournée d'une vingtaine de pays sur quatre continents. C'est l'histoire d'un grand succès, ce sont des vedettes internationales, et ce sont aussi des ti-culs du Québec. Voici *Simple Plan*.

Même si leur groupe était, à l'époque, déjà mondialement connu, c'est à peine si on parlait de Pierre Bouvier, Chuck Comeau, David Desrosiers, Sébastien Lefebvre et Jeff Stinco au Québec. «Quand on a commencé, seulement quelques médias nous suivaient, comme Musique Plus et Claude Deschênes, se rappelle Chuck Comeau. On était à l'étranger, on lisait les journaux québécois et on voyait les manchettes qui soulignaient le succès d'un tel ou d'un tel en France, ses ventes d'albums et de ses *shows*, mais jamais nos succès à l'étranger. C'est comme si les gens ne savaient pas qu'on venait de Montréal. Mais comme on dit, nul n'est prophète dans son pays!»

Le groupe était arrivé en avance pour son entrevue. Nous en étions à la longue pause, après que Guy eut servi le vin. C'est enfin le moment où le public va se détendre en arrière des décors; les techniciens, dans leur salon; et les invités et animateurs, en coulisses. Le studio est alors désert. Très nerveux, Chuck y est allé pour calmer son angoisse. Beaucoup d'invités, d'ailleurs, demandent à aller sur le plateau avant leur entrevue. Parfois, ça les calme, mais pas toujours... Chuck se promenait entre les bancs des invités et les gradins quand il a vu les cartons de Guy, laissés sans surveillance sur sa table. Puisqu'il était seul, il s'est permis de lire furtivement quelques questions. Rassuré, il est allé rejoindre ses potes et leur a dit de se calmer, que tout allait bien aller!

«Quand on a eu l'invitation de *Tout le monde en parle*, on se doutait que notre entrevue allait avoir un impact, mais on savait aussi que ça pouvait mal tourner. Je me tenais au courant de ce qui se passait au Québec, je connaissais un peu l'émission. Même si elle était incontournable, ça pouvait être dangereux. On avait peur de questions comme "Pourquoi vous chantez en anglais?" Et on avait peur d'avoir l'air tatas!»

Jeff Stinco, Chuck Comeau et David Desrosiers

SIMPLE PLAN

– Nous, on a comme décidé d'être le *band* le plus accessible au monde.

GUY

– De pas avoir de mystère.

SIMPLE PLAN

– Notre mission, c'est ça. Il y a des *bands* qui choisissent le mystère, qui choisissent d'être des vedettes. Nous, on est des p'tits culs de Montréal. Aucune prétention. Après chaque spectacle, on a chaud, on débarque du *stage*, on s'en va en arrière parler avec du monde, on les rencontre, on signe des autographes, puis on leur parle.

« Cette entrevue a été un élément déclencheur : les médias québécois ont commencé à nous suivre, et c'est devenu plus facile de faire parler de nous. Les gens réalisaient enfin qu'on venait de Montréal. Dès le lendemain, on a reçu des courriels, des appels. Les gens venaient vers nous, nous parlaient, et ils nous disaient : "On est fiers de vous !" On était contents : on était reconnus chez nous. »

Si l'entrevue a été une belle carte de visite pour Simple Plan, elle a aussi aidé David, qui avait un problème avec son passeport. Nous étions alors jeudi soir, vers minuit. Parmi les invités se trouvait Liza Frulla, alors ministre du Patrimoine canadien et ministre responsable de la Condition féminine.

GUY [À DAVID]

– T'as eu un problème avec ton passeport la semaine dernière. Il s'est passé quoi ?

DAVID

– Ben, j'ai manqué de pages. Disons que, si on pouvait envoyer un message au gouvernement, là, les passeports devraient avoir plus de 25 pages. Il manque de pages pour nos étampes. On part dimanche pour le Mexique, et j'ai pas le temps de le faire changer…

LIZA FRULLA

– Mais si on se revoit tantôt après l'émission, je vais te régler ça.

Et elle avait réglé ça. David avait reçu son passeport le vendredi et il avait donc pu partir le dimanche.

SIMPLE PLAN
L'AUTOBUS, LES AVIONS :
ON S'ENVOIE EN L'AIR
SOUVENT !

Chuck Comeau

MARIE-CLAUDE | BARRETTE

Marie-Claude Barrette, épouse de Mario Dumont, alors chef de l'ADQ et maintenant animateur, n'a jamais rêvé de faire de la télévision. Quelques apparitions en
période électorale et une semaine de coanimation à la défunte émission *Les lionnes*
n'avaient pas éveillé chez elle de désir pour le petit écran. « J'avais trouvé ça l'*fun*,
dit-elle aujourd'hui, mais sans plus. » Lorsque le couple accepte notre invitation, ce
n'était qu'une entrevue de plus pour Marie-Claude. « Sans aucune attente. Quel fut
mon étonnement des retombées ! Il n'y a pas une semaine qui passe sans qu'on
me parle de mon passage à *Tout le monde en parle* ! »

Dès le lendemain de la diffusion, elle reçoit un appel de Paul Bourgeault, de la maison de production Trinôme, qui lui propose des projets d'émissions. Cette rencontre
a mené à l'émission *Simplement vedette*, qu'anime Marie-Claude à Canal Vie. À la
suite des commentaires élogieux de Liza Frulla sur son passage à TLMEP à l'émission *C'est juste de la TV*, les producteurs de *Deux filles le matin* invitent Marie-Claude
à passer une audition. Elle est engagée comme collaboratrice. Un an plus tard, elle
devient coanimatrice de l'émission et, aujourd'hui, elle l'anime seule, et c'est elle
qui reçoit des collaboratrices. Comme quoi notre plateau mène à tout !

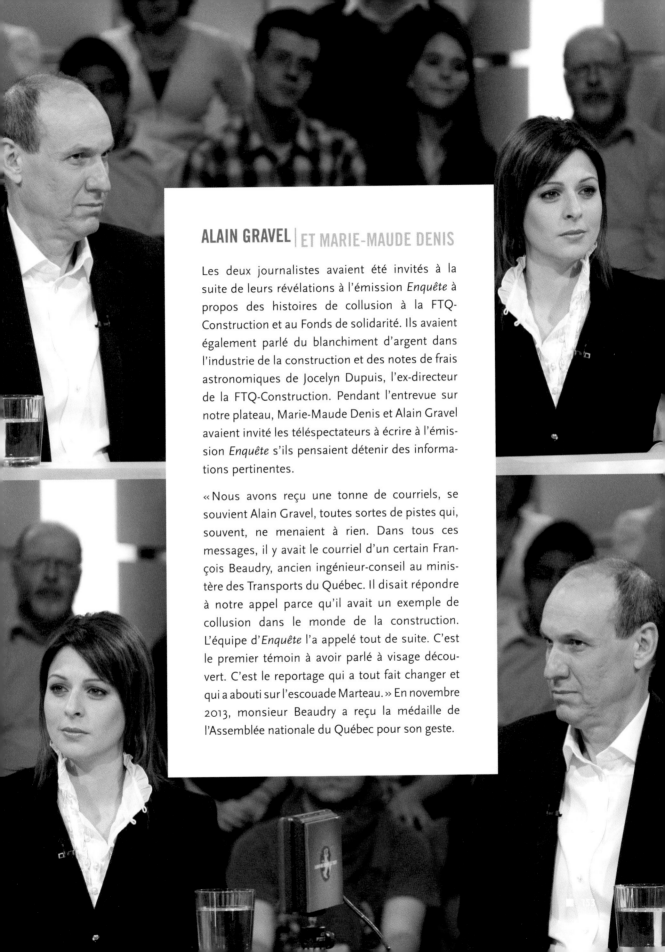

ALAIN GRAVEL | ET MARIE-MAUDE DENIS

Les deux journalistes avaient été invités à la suite de leurs révélations à l'émission *Enquête* à propos des histoires de collusion à la FTQ-Construction et au Fonds de solidarité. Ils avaient également parlé du blanchiment d'argent dans l'industrie de la construction et des notes de frais astronomiques de Jocelyn Dupuis, l'ex-directeur de la FTQ-Construction. Pendant l'entrevue sur notre plateau, Marie-Maude Denis et Alain Gravel avaient invité les téléspectateurs à écrire à l'émission *Enquête* s'ils pensaient détenir des informations pertinentes.

« Nous avons reçu une tonne de courriels, se souvient Alain Gravel, toutes sortes de pistes qui, souvent, ne menaient à rien. Dans tous ces messages, il y avait le courriel d'un certain François Beaudry, ancien ingénieur-conseil au ministère des Transports du Québec. Il disait répondre à notre appel parce qu'il avait un exemple de collusion dans le monde de la construction. L'équipe d'*Enquête* l'a appelé tout de suite. C'est le premier témoin à avoir parlé à visage découvert. C'est le reportage qui a tout fait changer et qui a abouti sur l'escouade Marteau. » En novembre 2013, monsieur Beaudry a reçu la médaille de l'Assemblée nationale du Québec pour son geste.

MARIE-PIERRE | DUVAL

Ancienne recherchiste à TLMEP, Marie-Pierre Duval était venue présenter son documentaire *Bébé ou CV*. Un téléspectateur, Alexandre Normandin, lui avait alors écrit sur Facebook. Il y a quatre ans de cela et, depuis, ils sont en couple. Ci-dessous, le témoignage d'un homme reconnaissant !

Un téléspectateur. Simple et modeste. Rien de plus. Un truc passif, distrait et ronflant, le cul sur un fauteuil usé. Et cet état de fait allait changer ma vie. Les invités s'enchaînaient au gré des questions cartonnées de l'animateur. De Bernard Derome à Fred Pellerin. Un *show* d'automne. Je sombrais doucement vers le pâteux d'une fin de dimanche sans éclat.

Après la pause, « Marie-Pierre Duval », qu'il me dit. J'en bois une gorgée de jus de canneberge. Pour la prostate. Les publicités m'achèvent. Je m'en gratte une joue rugueuse. Mon lit. Je veux mon lit. L'émission reprend les ondes. Lepage présente sa prochaine invitée. Dépêche-toi, Guy A., j'ai un pyjama à enfiler. Elle descend les marches d'escalier vers son siège, juste à la gauche de Pellerin. Je me redresse. Je me redonne une contenance. L'entrevue débute. Elle a de l'aplomb. Elle nous entretient sur un documentaire qu'elle a réalisé. Conciliation travail-famille. Féminisme. Des thèmes d'un autre continent, pour moi. Elle me fascine. Une grâce de première dame. Des gestes élégants, circulaires, sur un nid de paroles lumineuses. Magnifique. Une chevelure dense et foncée, comme la forêt des Ardennes. Un visage lisse et harmonieux. Un regard de feu de camp.

Je l'aime. Elle parle de son fils. Pellerin lui demande si elle souhaite engendrer d'autres enfants. Elle est maintenant séparée, qu'elle répond. Le feu qui passe au vert. À moi de jouer. Je tends le bras vers mon ordinateur portable. Je tape. Facebook qui devient intéressant. Son profil apparaît. Je lui écris un truc. Court et direct. Vrai, aussi. La ligne est à l'eau, je peux aller me coucher.

Elle me répondit dans les jours qui suivirent. Nous correspondîmes. Ma plume devint le bouquet de fleurs. Elle fut charmée. Par moi. Le reste nous appartient. À nous deux. *Tout le monde en parle* m'a présenté ma femme, invitée numéro 6 de l'émission du 22 novembre 2009. Je vous en dois une.

— Alexandre Normandin

JOËL LEGENDRE | ET JUNIOR BOMBARDIER

Joël Legendre, lui aussi, nous en doit une.

GUY

– Ça fait combien de temps que tu es avec ton conjoint ?

JOËL

– Ça fait quatre ans, et j'ai un *scoop* pour vous. C'est des bébés *Tout le monde en parle*, parce que mon conjoint, je l'ai rencontré ici, lorsque je suis venu il y a quatre ans.

Le conjoint en question est l'attaché de presse Junior Bombardier. Il y a quatre ans, il accompagnait Johanne Blouin, alors en tournée de promotion pour un nouvel album. Joël, lui, annonçait son arrivée à Radio-Canada. Comme l'avait dit Guy: « Il laisse tomber les célibataires bronzés d'*Occupation double* pour les pastilles de *Paquet voleur.* » Ce soir-là, Joël et Junior s'étaient croisés dans les coulisses. Quatre ans plus tard, Junior accompagne Joël pour annoncer la naissance de leurs jumelles portées par une amie. Ce qui était pour eux la concrétisation d'un désir de couple s'était alors transformé en controverse. Mais c'est une autre histoire...

ANNE | NIVAT

Anne Nivat est une grande reporter française, connue pour ses reportages de guerre où elle se fond à la population – tchétchène, afghane ou irakienne – en adoptant leurs us et coutumes. Alors qu'elle était sur notre plateau, elle expliqua sa manière de travailler et celle des militaires qu'elle côtoyait. Après avoir vu l'émission, le major Frédéric Pruneau nous a écrit sur notre site pour obtenir les coordonnées d'Anne Nivat. Nous les lui avons transmises, et voici ce qu'il a écrit à la journaliste, qui le cite dans son livre *Les brouillards de la guerre*: «Je m'appelle Frédéric Pruneau. Je commande deux cents hommes, une compagnie de parachutistes de Valcartier, pour la dernière mission de combat canadienne en Afghanistan. Je vous ai vue hier à la télé: pour une spécialiste non militaire de la guerre, je vous ai trouvée très convaincante. Venez donc parler à mes gars avant que nous ne partions sur le terrain.»

Finalement, Anne Nivat n'a pas rencontré les hommes du major sur la base de Valcartier, mais à Kandahar, en Afghanistan. Et c'est cet épisode qui a inspiré son livre: «C'est à ce moment que germe dans mon esprit l'idée de passer d'un côté à l'autre, d'un coup à celui d'en face, de voguer en quelque sorte entre les deux faces du miroir, telle Alice au pays des merveilles.»

MICHEL | FUGAIN

L'idée de la chanson *Un enfant*, de Michel Fugain, est née sur le plateau de *Tout le monde en parle* ! «J'avais rencontré un soldat qui rentrait d'Afghanistan, a déclaré Fugain dans *La Presse*, en mars 2012, et je n'ai jamais oublié cette soirée, car c'était un môme.» Le «môme» en question, c'était Simon Mailloux, lieutenant du Royal 22e Régiment, qui avait perdu une jambe en Afghanistan au cours d'une mission. Le blindé dans lequel il se trouvait a explosé, tuant deux de ses collègues et un interprète afghan, et blessant grièvement deux militaires. Au moment de l'entrevue, il avait 24 ans. Et il voulait continuer à s'impliquer dans l'armée.

Michel Fugain

SIMON MAILLOUX

– C'est mon désir le plus sincère de pouvoir continuer à m'investir, parce que j'y crois. Puis, en même temps, c'est une bonne paye, là, on se le cache pas.

Michel Fugain tentait de comprendre les motivations du jeune soldat. Dépassé par ce qu'il entendait, il avait du mal à contenir son indignation.

MICHEL FUGAIN

– Vous défendez quoi, les mecs? Ça coûte une jambe, ça coûte beaucoup deux mecs qui meurent. Et des jeunes mecs! Je te regarde arriver, excuse-moi, mais je vois un môme.

SIMON MAILLOUX

– Je comprends votre point.

MICHEL FUGAIN

– Chaque fois que je vois un militaire dans une de ces putains de guerres, c'est des mômes. On pourrait imaginer que nos sociétés envoient se faire flinguer des mômes? C'est-à-dire l'avenir même des peuples.

Simon Mailloux

C'est cette rencontre-là qui a inspiré sa chanson *Un enfant*, parue en 2012, sur son album *Bon an, mal an*.

GRUBB

GRUBB

Serge Denoncourt avait créé un spectacle musical intitulé *GRUBB* avec des jeunes Roms de Belgrade, en Serbie. Le spectacle allait être présenté au Festival de jazz, mais la production cherchait un commanditaire pour les aider financièrement.

SERGE DENONCOURT

– Présentement, on n'a pas de *sponsors*, on n'a pas de commandites. Au moment où je te parle, le *show* va être prêt, mais on n'a pas de billets d'avion pour amener les artistes.

DANY

– Il me semble que Roms & Coke, ça sonnerait bien en maudit !

La compagnie Coca-Cola avait bien aimé la blague de Dany et avait décidé de s'impliquer en assurant le transport des 40 jeunes.

DANY

– Comme quoi un petit gag peut changer le monde !

MAXIM | MARTIN

Maxim Martin était invité pour faire la promotion de son troisième spectacle, *Tout va bien*. Il nous confia avoir été « assez rock'n'roll » pendant sa vingtaine et avoir vécu une trentaine « éclatée »...

À 40 ans, il a pris sa vie en main. Au moment de l'entrevue, cela faisait deux ans qu'il était « en démarche de sobriété ». Dès la fin de la diffusion de l'émission, Maxim a reçu des textos et des messages sur Facebook de téléspectateurs. Le lendemain, le centre Dollard-Cormier, que Maxim avait fréquenté, a reçu un nombre record de demandes de gens qui avaient des problèmes de consommation.

« Je n'avais pas vraiment prévu parler de ma sobriété, dit-il aujourd'hui, mais je suis content de l'avoir fait, parce que les gens m'ont vu différemment. Les gens du public, mais aussi ceux de l'industrie. Est-ce que je l'ai fait pour leur envoyer un message ? Genre "Maxim Martin est sobre depuis un bon bout de temps : on peut le prendre au sérieux." Peut-être... On a appelé ma tournée *La tournée des convertis*, et j'en ai tiré un genre de fierté. Je suis fier de l'avoir dit à voix haute, ça m'a enlevé un fardeau. Pour moi, cette entrevue-là est un point de repère. Il y a l'avant et l'après-*Tout le monde en parle*. »

MAXIM MARTIN

– J'aurais aimé ça me prendre en main plus vite, parce que perdre le contrôle sur une substance pis perdre le contrôle de ta vie, c'est quelque chose qui fait sacrément peur.

LE BON | Dr JULIEN

GUY: « En lisant la recherche sur le Dr Gilles Julien, je me suis dit : "Cet homme est un héros. Il dédie sa vie à sortir les jeunes défavorisés de la spirale qui les entraîne vers le bas." Mais en entrevue, il était craintif, déstabilisé, désarçonné par les caméras... Je me suis dit : "Il faut l'aider !" Avec mon gérant, Jacques K. Primeau, on a donc produit un *show*-bénéfice, *Charité bien ordonnée*. Trois années de suite, des grosses vedettes sont venues chanter gratuitement, accompagnées par les Porn Flakes, et on a remis les profits au Club des petits déjeuners ainsi qu'à la Fondation du Dr Julien. »

L'APPÂT

Journaliste d'enquête français vivant aux États-Unis, William Reymond a écrit sur J. F. Kennedy, George Bush, Coca-Cola et autres icônes de la société américaine. Nous l'avions invité pour qu'il nous révèle sa vérité au sujet de la mort mystérieuse de Marilyn Monroe. William Reymond habitait à Dallas, et le jeudi de l'émission, il était resté coincé aux douanes américaines...

WILLIAM REYMOND

– Quand j'ai donné mon passeport, mon nom est sorti dans le système. Ils n'ont pas voulu m'expliquer pourquoi, mais je suis resté trois heures, le temps qu'ils vérifient mon identité. Lorsqu'ils ont vu que j'étais pas un terroriste, ils m'ont dit que je pouvais partir, mais plus d'avion, donc pas de *Tout le monde en parle*.

GUY: « On l'invite la semaine suivante en lui disant : "Arrivez le mercredi, au cas où..." Le jeudi suivant, il est sur le plateau, et le cinéaste Yves Simoneau aussi. Ils sympathisent rapidement. Au resto, après l'émission, Yves dit à William qu'il aimerait refaire un film au Québec (il tourne aux États-Unis depuis plusieurs années). William, qui est journaliste, lui dit : "Moi, j'aimerais écrire un film." Je dis : "Faites-en un, et je vais jouer dedans !" L'alcool aidant, nous déconnons en imaginant un film d'agent secret dans lequel je serais le héros. Ce film deviendra *L'appât*, et l'agent secret sera joué par... Rachid Badouri, tandis que j'hériterai du rôle du policier crétin. Donc, ce film est le résultat d'un avion raté et des rencontres que cet incident a suscitées. »

LES MISES AU POINT

Lors des premières saisons de *Tout le monde en parle*, les mises au point de Guy, faites en début d'émission, étaient parfois aussi attendues que redoutées. Découvrez pourquoi il n'y en a plus...

Des 24 émissions de la première saison, 18 ont débuté par une mise au point. Pour la seconde saison, il y en a eu 12. Il y eut donc 30 mises au point sur 42 émissions! Pourquoi autant? Parce que Guy lisait les nombreux courriels envoyés sur notre site Web et qu'il ressentait le besoin de répondre aux critiques et aux commentaires.

Les plaintes et les réactions étaient des plus variées: TLMEP et les impôts, l'Indien des publicités Lakota, les chemises de Guy, les seins de Chantal Renaud, la SAQ, les invitations lancées aux politiciens, à Raël, à Karla Homolka, au Doc Mailloux, etc.

GUY

– Pour ce qui est de ceux qui disent ou qui écrivent sur leur tribune éditoriale que *Tout le monde en parle* est une émission vulgaire qui nivelle par le bas, eh bien, je trouve que cette attitude est hautaine, prétentieuse et très méprisante pour les 1 800 000 personnes, en moyenne, qui regardent cette émission-là chaque semaine.

Depuis les tout premiers débuts de l'émission, les entrevues avec les politiciens suscitent invariablement de vives réactions, les uns nous accusant de partisanerie, les autres du contraire.

GUY

– Cette semaine, on a reçu beaucoup de courriels. Tout d'abord, des réactions nombreuses à la suite de l'entrevue avec le premier ministre Jean Charest. La moitié des courriels nous disent qu'on a été trop fins et trop *licheux* pour Jean Charest. L'autre moitié nous dit qu'on a été trop méchants et trop irrespectueux avec lui. Alors, on en prend bonne note: la prochaine fois qu'on va recevoir un politicien, on va essayer de faire l'inverse.

Outre les politiciens, l'entrevue avec le Doc Mailloux ou celle du blogueur Gab Roy, c'est probablement l'échange corsé entre Serge Chapleau et Raël qui a provoqué le plus de réactions de la part des téléspectateurs, alors que le célèbre caricaturiste avait empoigné les cheveux du fondateur du mouvement raëlien. La troisième émission de TLMEP s'est donc ouverte sur la mise au point suivante :

GUY

– On a reçu énormément de courriels au sujet de l'émission de la semaine passée concernant l'incident entre Raël et Chapleau. Vous étiez plus de deux millions à voir ce qui s'est passé. Vous en avez parlé cette semaine, votre opinion est faite et, visible-

Raël

ment, diffère d'une personne à une autre. Je veux juste préciser une chose dans cette émission et dans ma vie en général. Je ne suis pas un médiateur. Je ne suis pas un chaperon. J'en ai déjà assez d'être responsable de ce que je dis, je ne vais pas prendre sur mon dos les commentaires et les gestes des autres. Autant notre but n'est pas que les gens s'affrontent sur ce plateau, autant notre but n'est pas de les empêcher de s'exprimer. Raël l'a fait longuement, Chapleau l'a fait impétueusement.

Une bonne part de ces courriels était écrite par des téléspectateurs choqués que nous donnions une tribune à Raël, ce qui, selon eux, allait lui amener de nouveaux adeptes. L'autre part espérait que ce passage sur notre plateau allait montrer une fois pour toutes le ridicule du personnage. En passant, Raël a quitté le pays...

Bizarrement, la mise au point la plus attendue de ces premières années de l'émission ne concernait même pas TLMEP, mais le Gala de l'ADISQ 2004, animé par Guy, et au cours duquel il avait lancé dans les coulisses le Félix gagné par un Richard Desjardins qui, au grand dam de l'animateur, brillait par son absence. Bien qu'il dise regretter d'avoir *garroché* le trophée, Guy allait-il s'excuser ou pas ? Telle était la question. D'autant plus que le geste avait éclipsé le message : selon Guy, Richard Desjardins aurait dû être présent au gala auquel il s'était inscrit.

GUY

– J'ai juste tenté d'être intègre envers moi-même. Et j'espère que je vais continuer à l'être dans ma vie. Je suis pas une tête enflée, comme certaines personnes ont dit, juste un gars émotif et droit qui a des convictions pis qui va au *batte* dans toutes les situations. Et quand on va au *batte* tout le temps, ben des fois, on passe au *batte*. Alors, je l'accepte. Cette semaine, j'ai commis une erreur de jugement, je l'avoue.

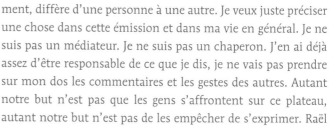 **GUY:** «Animer TLMEP à l'époque était plus stressant que d'animer le Gala de l'ADISQ. J'avais enchaîné sept émissions consécutives ainsi qu'un gala. J'étais à fleur de peau. L'absence de Desjardins au gala où il était couronné trois fois m'avait fait péter les plombs. Le lendemain de la diffusion de l'émission où je m'étais "excusé", le directeur de la programmation de Radio-Canada, Mario Clément – qui m'avait engagé –, m'avait dit:

— Si tu veux mon avis, t'aurais jamais dû faire ça!

— Lancer le trophée?

— Non, t'excuser!

C'est une des nombreuses raisons pour lesquelles j'aime beaucoup Mario Clément.

Au début, je faisais des mises au point parce qu'on recevait une centaine de plaintes sur certains sujets. Je me disais: "C'est énorme, je dois faire une mise au point!" Pour finalement réaliser, au bout de 2 ans, que 100 plaintes sur 1,5 à 2 millions de téléspectateurs, c'est très peu pour une émission de la sorte. »

OUVERTURE

LA SEMAINE DERNIÈRE, À L'ÉMISSION, IL S'EST PASSÉ BEAUCOUP DE CHOSES.

— ON A MONTRÉ UN EXTRAIT DE FILM DANS LEQUEL UN HOMME ÉBOUILLANTAIT SON PÈRE HANDICAPÉ;

— GÉRARD DEPARDIEU A PARLÉ DE SODOMIE;

— ON A APPRIS QUE NOTRE PLANÈTE ÉTAIT AU BORD DU GOUFFRE;

— MAIS CE QUI A SUSCITÉ LE PLUS DE COMMENTAIRES DE NOS INTERNAUTES, C'EST LE FAIT QU'ON A MONTRÉ UN TI-BOUT DE FILM OÙ ON VOYAIT LES TI-BOUTS DE SEINS DE CHANTAL RENAUD, ET CE, DEVANT SON MARI, BERNARD LANDRY... SCANDALE!

POURTANT, CE SONT DE FORT JOLIS SEINS, BERNARD LANDRY LES AVAIT DÉJÀ VUS AVANT, J'IMAGINE, ET SOYEZ RASSURÉS, CHANTAL ET BERNIE ÉTAIENT D'EXCELLENTE HUMEUR QUAND ILS NOUS ONT QUITTÉS.

ILS NOUS ONT DONNÉ PLEIN DE BECS ET DE POIGNÉES DE MAINS, MAIS ILS ONT GARDÉ LEURS CUNNILINGUS POUR EUX.

GUY : « Dans la *série Comment mettre un invité mal à l'aise (ainsi que tout le monde dans le studio, y compris le cave d'animateur qui en a eu l'idée)* : montrer à un ancien premier ministre des images d'un film où sa blonde se montrait les totons dans les années 70. Bravo, Guy ! »

À la troisième saison, Guillaume Lespérance, le producteur délégué, prend les grands moyens : Guy n'a plus eu le droit de lire les courriels. « Je me suis tanné de voir Guy et Dany perdre du temps à répondre à des imbéciles, se souvient-il. Une nuit, j'ai changé les codes d'accès des courriels et j'ai embauché quelqu'un pour faire les résumés. Guy m'a boudé pendant un gros 48 h ! »

Par la suite, il n'y a presque plus eu de mises au point. Dans un souci de rigueur journalistique, voici un tableau scientifiquement établi, prouvant de façon indéniable l'efficacité de la méthode Lespérance.

SAISONS	MISES AU POINT
1	18
2	12
3	3
4	3
5	4
6	1
7	0
8	1
9	0
10	0

Depuis, Guy s'est rattrapé avec Twitter, mais ça, on n'y peut rien...

« SALUT, C'EST GUY A. LEPAGE ! »

Avant que Twitter n'existe, Guy répondait parfois personnelle-ment à des messages qui lui étaient adressés – à la stupéfaction de l'expéditeur. Par exemple, Guy avait lu un courriel dans lequel un téléspectateur avait écrit que s'il le croisait, il le frapperait. Guy lui avait alors téléphoné. « Salut, c'est Guy A. Lepage. Paraît que tu veux me frapper à coups de batte de baseball ? » Le gars ne savait plus où se mettre et s'était confondu en excuses.

ANDRÉ DUCHARME : « Il y a dix ans, les médias sociaux n'avaient pas autant d'importance, et c'était au moyen d'un formulaire Internet que le public nous écrivait. Nous rece-vions plusieurs centaines de messages par semaine. Je les lisais tous, et je choisissais les plus représentatifs ou pertinents, posi-tifs et négatifs, pour publication. »

André Ducharme se souvient d'un message particulièrement nuancé : « Guy A., t'es rendu un vieux récupéré, t'es un mauvais intervieweur, t'es *licheux* avec tes invités, ton émission est plate. T'es même plus drôle. Je te reconnais plus. » Réponse de Guy : « Va donc chier. Tu me reconnais-tu, là ? »

GUY : « Certaines attaques personnelles anonymes m'éner-vaient tellement que je retrouvais ces crétins rapidement – je ne dirai pas comment ! –, et je leur disais ma façon de penser, en exigeant des excuses. Mon gérant, Jacques K. Primeau ; mon collaborateur, André Ducharme ; mon producteur délégué, Guil-laume Lespérance ; et ma blonde, Mélanie, se sont mis à quatre pour me convaincre d'arrêter. Bref, depuis, je ne réagis plus à rien. Même l'entrevue récente du blogueur Gab Roy n'était pas digne d'une mise au point à mes yeux. Bref, j'ai vraiment décro-ché. Qui m'aime me suive, qui ne m'aime pas me *flushe* ! »

LES COMPLOTS DE TLMEP

En octobre 2005, André Ducharme publie sur le site de l'émission le texte suivant, inspiré de vrais courriels de téléspectateurs.

LE COMPLOT FÉDÉRALISTE

L'équipe de *Tout le monde en parle* aurait volontairement provoqué la controverse entourant le Doc Mailloux et l'aurait étirée sur deux semaines en invitant Luck Mervil, afin de ne pas avoir à inviter Robin Philpot, qui, au même moment, sortait son livre *Le référendum volé*. Ce serait un complot pour promouvoir l'unité canadienne.

LE COMPLOT SOUVERAINISTE

L'équipe de *Tout le monde en parle* a invité le Doc Mailloux pour le faire mal paraître, car il est fédéraliste. Pour en rajouter, nous aurions invité un souverainiste, Luck Mervil, pour planter définitivement Mailloux. Ce serait un complot pour promouvoir l'indépendance du Québec.

LE COMPLOT DES FESSES

L'équipe de *Tout le monde en parle* aurait décidé de montrer les fesses de Robin Aubert afin de permettre à Julie Snyder de montrer 20 paires de fesses à *Star Académie*, la semaine suivante. Il s'agirait d'un complot de Guy et de Julie pour montrer des fesses à la télévision.

LE COMPLOT FRANÇAIS

L'équipe de *Tout le monde en parle* serait obligée, par contrat, d'avoir chaque semaine un invité français sur son plateau.

LE COMPLOT ANTI-CHOI

Tout le monde en parle serait tout simplement un plan élaboré par la clique du Plateau Mont-Royal, dirigée par Guy A. Lepage, pour faire fermer la station CHOI-FM, de Québec.

LE COMPLOT *FIF*

Le but caché de l'émission *Tout le monde en parle* serait de faire la promotion de l'homosexualité. Guy A. Lepage serait d'ailleurs plus gai que le plus gai des gais.

LE COMPLOT SOUVERAINISTE-*FIF*

Tous les invités de *Tout le monde en parle* seraient indépendantistes et gais.

LE COMPLOT LIBÉRAL

(message affiché sur le forum de discussion) « Radio-Canada est une télévision d'État fédéral, et sa manie de foutre la m... dans les autres chaînes vient sûrement d'une sorte de complot de l'entourage de Chrétien visant à restreindre l'accès à l'information des Québécois, en les incitant subtilement à n'écouter que Radio-Canada, et [qu'ils puissent] ainsi mieux se faire gaver de propagande libérale. »

LE COMPLOT RADIO-CANADIEN

Gilles Proulx, le Doc Mailloux et Philippe Fehmiu ont été congédiés par TQS après être passés à *Tout le monde en parle*. Il s'agirait d'un complot de Radio-Canada et de TVA pour faire fermer TQS.

LES MOMENTS FORTS

SERGE CHAPLEAU | ET RAËL

Le passage mouvementé de Serge Chapleau et de Raël a été l'un des moments marquants dans l'histoire de *Tout le monde en parle*. On nous en parle encore aujourd'hui.

Tout allait bien en ce début de deuxième émission. Nous avions une belle brochette d'invités : Louis-José Houde ; Pauline Marois, alors députée et porte-parole de l'opposition officielle en matière d'éducation ; Stéphane Gendron, l'ex-maire de Huntingdon ; Martin Brodeur, gardien de but ; Caroline Néron ; Serge Chapleau et Raël, personnage haut en couleur (bien qu'habillé de blanc) qui prétendait avoir déjeuné avec Jésus, Bouddha, Moïse et Mahomet, puis qui prônait la liberté sexuelle.

Pourquoi Raël ? Parce qu'il faisait l'objet d'un article dans le magazine *Playboy*, photographié en

compagnie de ses raëliennes en petite tenue. Elles étaient d'ailleurs dans notre public, en studio, mais cette fois-ci, beaucoup plus habillées.

DANY: « Je connaissais le personnage de réputation – avec son costume qui rappelle celui du capitaine Cosmos ! –, mais sans plus. Ç'a été une entrevue totalement surréaliste. Ses "apôtres" avaient exigé d'écrire "Sa Sainteté Raël" sur la porte de sa loge. On n'en était pas à un carton près, alors on avait accepté ! »

Sur le plateau, Louis-José Houde s'amusait des élucubrations de Raël, et Pauline Marois était en profond désaccord avec ses propos : création d'une ambassade pour accueillir les Élohim, droit de vote exclusif aux gens dotés d'un QI supérieur, clonage d'êtres humains, etc. « Il me semble qu'il y a un peu d'incohérence dans vos propos, dans vos attitudes et dans votre façon », avait-elle lancé à Raël imperturbable.

Mais le calme de Sa Sainteté avait été ébranlé par l'arrivée de Serge Chapleau, venu présenter sa toute nouvelle émission, *Et Dieu créa... Laflaque*. La stupeur du célèbre caricaturiste était sans fin devant cette « espèce de *joke* », ce personnage avec « les bas blancs, les souliers blancs, les culottes blanches, le *suit* blanc ».

SERGE CHAPLEAU
– Je suis *flabbergasté*. C'est probablement un vieux cliché, un vieux rêve de l'Homme de sauter plein de *pitounes* en même temps, mais s'il faut avoir le *suit* pis la toque, moi, j'oublie ça.

Pour finir, prise de bec et prise de « toque » : Raël quitte brusquement le plateau en plein enregistrement, flanqué de ses gardes du corps et de ses *pitounes*. « Dix ans plus tard, je m'en souviens très bien, nous dit aujourd'hui Louis-José Houde. Quand Chapleau a fait ça, les gardes du corps de Raël, dissimulés dans le public, se sont approchés. J'étais resté muet toute l'entrevue parce que le personnage me laisse complètement indifférent, mais j'avoue avoir eu peur pour Serge Chapleau, parce qu'entre lui et les gardes du corps, j'aurais misé un gros 5 $ sur les *bodyguards*. »

Au lendemain de la diffusion, Pauline Marois avouait avoir songé à sortir du studio. « Il est fou à lier », avait-elle déclaré à La Presse canadienne. Les raëliens avaient aussitôt écrit au chef du Parti québécois, Bernard Landry, au chef de la défunte ADQ, Mario Dumont, et aux premiers ministres québécois et canadien de l'époque, Jean Charest et Paul Martin, pour exiger que madame Marois présente des excuses officielles à leur chef ! Ma foi, ils avaient oublié d'écrire à la reine !

GUY : « Pour moi, Raël est un imposteur. Sa prestation et son altercation avec Chapleau, ça donnait de la bonne télé. J'imagine que sa prestation à TLMEP a servi à le discréditer, ce qui me convient parfaitement, je l'avoue. Mais ce n'était pas le but au départ. Je voulais seulement rencontrer celui qui avait été kidnappé par les extraterrestres pour aller déjeuner avec Jésus. »

Pendant un an, les disciples de Raël se sont installés devant le bureau de circonscription de la politicienne avec un camion affichant sa photo et l'inscription « Traiter de fou un chef spirituel est une preuve de racisme. Non aux insultes de Marois ». Lors des événements publics pendant la course à la direction du PQ, en 2005, et des élections provinciales de 2008, des raëliens ont manifesté contre « les propos haineux et discriminatoires » de madame Marois pendant et après sa participation à l'émission *Tout le monde en parle*.

Pendant les semaines qui ont suivi l'émission, Louis-José Houde était en tournée avec son premier spectacle. « Chaque soir, se souvient-il, quelqu'un dans la foule trouvait le moyen de crier le nom de Raël. » Pour sa part, Serge Chapleau a vu les raëliens « envahir » sa file d'attente lors des séances de signature de son recueil annuel de ca-

CARTE SERGE CHAPLEAU
Tu dis que c'est Dieu qui a créé Laflaque, mais c'est toi qui le dessines. On ne te demandera pas pour qui tu te prends !

Cette carte TLMEP est personnelle et est valable sans durée de temps.
TOUT LE MONDE EN PARLE

ricatures au Salon du livre de Montréal. «Je m'en fais encore parler, s'étonne le caricaturiste. Depuis dix ans, dans mes "sorties mondaines", c'est clair et net qu'il y a un monsieur ou une madame qui va me dire "la couette à l'air"!»

GUY [À SERGE CHAPLEAU, QUELQUES ANNÉES PLUS TARD]
– Avais-tu commis un geste d'intimidation?

SERGE CHAPLEAU
– Pas du tout. Cet homme est un menteur. C'est même pas un mythomane. C'est un gars qui conte des mensonges, qui dit qu'il est allé manger avec Yahvé, Jésus, Mahomet. Moi, j'ai même pas le droit de dessiner Mahomet. Et à cause de notre civisme, de notre politesse, des gens comme ça peuvent venir à une émission comme ici et raconter leurs foutaises sans que personne dise rien. Ça faisait vingt minutes que j'étais en arrière, et quand j'ai vu ça, j'ai dit: «Non. Je vais y aller et je vais lui dire deux mots.»

Serge Chapleau n'a jamais regretté son geste. «Ce que j'ai regretté, précise-t-il aujourd'hui, c'est de ne pas en avoir fait plus. Pas de lui donner un coup de poing, non, mais de lui envoyer plus de phrases assassines. Là, j'ai juste eu l'air d'un *twit*, d'un gars qui tient la couette d'un imbécile.» Depuis dix ans, il n'a plus jamais dessiné Raël.

Raël

JACK LAYTON | ET OLIVIA CHOW

GUY

– Jack Layton, vous vivez avec votre belle-mère, vous êtes amateur de jazz, vous avez une moustache, votre émission de télévision préférée, c'est *Les Simpson*, vous portez souvent des cravates orange, vous parlez le cantonais et vous adorez le beurre de *pinottes*. On a définitivement envie d'en savoir plus sur vous. Bienvenue à l'émission.

JACK LAYTON
– Merci beaucoup.

Dès son premier passage à l'émission, en 2004, Jack Layton, chef du NPD, avait fait grimper sa cote de popularité au Québec. Il avait charmé, fait rire et, surtout, il semblait parfaitement sincère. Le bon Jack était né. Le courant entre les Québécois et lui est tout de suite passé.

En 2011, le Canada était en pleine campagne électorale. Jack Layton, Gilles Duceppe, Michael Ignatieff sont venus à tour de rôle à l'émission, mais pas Stephen Harper, qui, jusqu'à ce jour, a toujours refusé nos invitations. L'entrevue de Jack Layton n'est pas passée inaperçue, comme en témoigne cet extrait d'une chronique d'Yves Boisvert, dans *La Presse* : « Évidemment, une émission de télé ne fait pas une élection. Mais celle-là a démarré quelque chose. Elle a allumé une mèche à la ligne de départ. Dans le salon d'une famille que je connais, on a entendu spontanément les enfants dire : "Moi, je vote pour Jack !" L'homme est mieux connu et reconnu. Il a l'air de faire de la politique sur un ton plus jovial. Tiens, tiens... Et si on essayait ça ? »

Cinq semaines plus tard, Jack Layton devenait le chef de l'opposition officielle à Ottawa. Le NPD avait remporté 102 sièges au Parlement, dont 58 au Québec seulement. Le bon Jack était en terrain conquis.

GUY

– Mon prochain invité est l'orange la plus pressée de rentrer à Ottawa. Voici Jack Layton.

 **DANY:** «Ah, Jack Layton, quel personnage marquant! Un modèle de politicien dont plusieurs devraient s'inspirer. Quand on dit que c'est TLMEP qui a contribué à le faire élire au Québec, je vous dirais que c'est lui qui a fait le travail! Il était si à l'aise dans cette formule d'émission. Capable de rire, de s'émouvoir et de faire passer son message avec une empathie palpable. Un être inspirant. Après chaque passage, monsieur Layton venait manger avec nous. C'était un *party animal*! La première fois, son

français était moins au point, et il m'a dit: "Je ne comprenais jamais les *jokes*, mais je te regardais, et quand tu riais, je riais!"»

Cette dernière entrevue avait commencé comme ceci:

GUY

– Lundi dernier, étiez-vous fier d'être Québécois?

JACK LAYTON

– Oui, je suis fier. C'était une vague de changement. Et on va utiliser ce mandat pour accomplir des choses pour les familles.

Et elle s'était terminée comme cela:

GUY

– Monsieur Layton, les Québécois ont donné aux oranges un mandat en bleu. Est-ce que vous savez que, pendant quatre ans, les Québécois vont vous regarder agir tous les jours et on va vous reprocher tout ce qui ne fonctionnera pas?

JACK LAYTON

– Oui, je le sais, et c'est important que ce soit comme ça. Nous avons une responsabilité très, très lourde, importante. Mais moi, je le vois comme une occasion en or de rassembler les gens et de travailler pour le monde, pour le Québec, pour le Canada de nos rêves. C'est mon objectif, et on ne va pas lâcher.

Jack Layton est décédé un dimanche, chez lui, entouré des siens. Olivia Chow, sa veuve, avait très généreusement accepté de venir témoigner sur notre plateau.

GUY

– Votre mari est décédé le 22 août dernier. Ça fait un mois à peine. Pouvez-vous nous raconter les derniers moments de sa vie ?

OLIVIA CHOW

– Il n'avait pas peur et il savait que son heure était venue.

GUY

– Pourquoi, par fatalité ou par confiance en ce qu'il y a après ?

OLIVIA CHOW

– Il avait l'intime conviction que son esprit et son âme seraient encore là même s'il n'était plus parmi nous. Et que l'amour serait toujours vivant. Il y croyait profondément. C'est pour ça qu'il n'avait pas peur, et nous non plus.

GUY : «J'aurais pu devenir ami avec Jack Layton. Nous avions beaucoup d'affection l'un pour l'autre. À la naissance de ma fille Béatrice, Jack m'a téléphoné pour me dire que sa petite-fille avait le même prénom et qu'il me souhaitait beaucoup de bonheur avec elle. Son passage à TLMEP en 2011 a été le début de la vague orange, a-t-on dit. Cette vague a emporté le Bloc québécois, ainsi que son chef Gilles Duceppe, qui était mon député et celui pour qui j'avais voté.

Le lendemain des élections, j'ai croisé Jack Layton, qui m'a dit qu'il était désolé pour la défaite de mon député. Il connaissait mes allégeances politiques. J'ai remarqué qu'il était plus affaibli que la dernière fois que je l'avais vu. Malheureusement, Jack n'aura pas eu le temps de profiter de son poste de chef de l'opposition officielle. Le cancer l'a emporté quelques semaines plus tard. Si je n'avais pas été hors du pays, j'aurais assisté à ses funérailles nationales. Il avait tout mon respect. »

THIERRY | ARDISSON

À Paris, il est deux heures du matin. Thierry Ardisson vient de terminer l'enregistrement de *Tout le monde en parle*. Normalement à cette heure-là, il boit du champagne dans sa loge, mais en ce jeudi 9 septembre 2004, il est encore en studio pour saluer, en duplex, les débuts du TLMEP québécois. Guy lui présente «notre Baffie à nous, Dany Turcotte». L'échange sera bref et baveux. Le ton est donné.

DANY

– On vous invite. En passant, vous êtes pas obligé de venir: nous autres, les Français, on les aime chez eux!

Deux ans plus tard, Thierry Ardisson est au Québec pour faire une brève apparition dans *L'âge des ténèbres*, de Denys Arcand, film où il tient le rôle de... Thierry Ardisson! On ne pouvait laisser passer l'occasion de le recevoir sur notre plateau.

Guy A. Lepage et Thierry Ardisson

GUY: «Pendant l'enregistrement et entre les pauses, il me suivait en coulisses pour voir ce que je faisais de semblable et de différent. Je me suis toujours bien entendu avec Ardisson. Nos rapports sont sains et pragmatiques. Business et efficacité. Il aime comment je traite sa créature (TLMEP) et il aime l'argent que sa concession lui rapporte.»

DANY

– Ça m'énerve de recevoir Thierry Ardisson.

GUY

Pourquoi ?

DANY

– J'ai l'impression qu'on est un McDonald's puis qu'on reçoit Ronald ce soir. J'espère être l'employé du mois !

L'échange est cordial entre Guy et Ardisson, mais il doit «se taper» les incontournables questions sur l'accent québécois. Impossible de ne pas lui en parler.

GUY

– Thierry, t'as reçu plusieurs Québécois à *Tout le monde en parle*, en France : Natasha St-Pier, Audrey Benoît, Stéphane Rousseau, Garou, Nelly Arcan. Tu les as implorés de se débarrasser de leur horrible accent québécois. Il a quoi, l'accent québécois ?

THIERRY ARDISSON

– Faut dire les choses franchement : quand on commence à taquiner des gens et qu'on s'aperçoit que ça marche, par sadisme, on continue. Donc, quand j'ai vu que ça faisait tellement de «sprounts» (ça, c'est français !) au Québec, j'ai continué. En fait, au début, c'était juste comme ça.

DANY

– Mais ici, c'est vous qui avez un accent.

GUY: «La veille de l'enregistrement, je suis allé chercher Thierry Ardisson à son hôtel de Montréal. Visiblement, il aime la ville et l'énergie. Contrairement à ce qu'on pourrait penser, il était ravi d'être là. En plus, pendant qu'il se préparait, le hasard fit qu'il regardait une musicographie sur ma carrière (RBO, *Un gars, une fille*, TLMEP). Dans la voiture, il m'a récité mon pédigrée comme pour un animal de compétition, fier de son poulain !»

> **THIERRY ARDISSON**
> LES CHANTEUSES À VOIX QUÉBÉCOISES ONT DÉFERLÉ SUR LA FRANCE. IL Y AVAIT DES DIMANCHES APRÈS-MIDI CHEZ MICHEL [DRUCKER] OÙ IL N'AVAIT QUE DES QUÉBÉCOISES, ET ÇA, ÇA NOUS A UN PEU ÉNERVÉS.

> **DANY**
> NOUS, ON REÇOIT VOS *HAS BEEN*, C'EST PAS MIEUX !

RENÉ ANGÉLIL | ET CÉLINE DION

Dès la première année, nous avons essayé de convaincre René Angélil de venir à *Tout le monde en parle*. Nous savions qu'il appréciait l'émission et nous lui faisions parvenir une cassette vidéo (puis un DVD) de TLMEP chaque semaine. Mais il avait en mémoire le traitement que lui avait réservé Radio-Canada lorsqu'il avait proposé un spécial «anniversaire de Céline». La célébration souhaitée s'était finalement transformée en reportage critique à *Enjeux* (*Enquête* depuis). René Angélil n'avait pas apprécié, et il s'était alors tourné vers TVA. Exclusivement. De plus, il ne se privait pas de dire qu'il refusait nos invitations à cause du montage. Sauf que pendant que nous tentions de convaincre René Angélil par les voies officielles, Guy se liait d'amitié avec le célèbre imprésario, qui partageait avec lui la passion du poker.

Lorsque j'ai annoncé à Francine Chaloult, l'attachée de presse de René Angélil et de Céline Dion, que ce dernier avait confirmé sa présence à *Tout le monde en parle*, elle ne m'a pas crue. Même si je lui ai affirmé que Guy avait personnellement invité l'imprésario et que ce dernier lui avait répondu tout aussi personnellement, Francine Chaloult a quand même vérifié auprès du principal intéressé tant elle était surprise ! Nous n'avions pas vraiment besoin de prétexte pour inviter monsieur Angélil, mais sa visite concordait avec la sortie d'*Omertà*, où, pour la première fois, il jouait à l'acteur.

RENÉ ANGÉLIL [SUR LE FILM *OMERTÀ*, DE LUC DIONNE]
– C'est Denise Robert, la productrice, qui est venue avec Luc Dionne me convaincre que j'étais le parrain.

GUY
– Tu le savais pas déjà ?

RENÉ ANGÉLIL
– Non, mais c'est drôle, parce que, en même temps, ils essayaient de convaincre Céline et ils n'arrêtaient pas de me dire : «T'as pas besoin d'acter, t'as pas besoin de rien faire. Sois toi-même.»

GUY
– Pis, tu vas faire un bon parrain.

Le fou du roi se souvient d'une belle entrevue, agréable et conviviale.

DANY: «Le passage de René Angélil fut un grand moment de l'émission. Voir un homme de pouvoir comme lui être nerveux d'être avec nous m'a sidéré! Je me souviens de l'après-entrevue, quand il nous a accompagnés au restaurant. J'ai découvert un homme gentil, doux et à l'écoute.»

Dany n'a pas été la seule personne de notre équipe à avoir été marquée par le passage de l'ex-membre du groupe des années 60, les Baronets.

ANDRÉ DUCHARME (script-éditeur de TLMEP): «Il m'a "autographié" un disque des Baronets qui appartenait à mes parents et que j'écoutais en boucle quand j'étais enfant. En dix ans, j'ai demandé deux autres autographes: à Guy Lafleur, sur un chandail du Canadien, et à Alice Cooper, sur une balle de golf.»

Et l'entrevue de René Angélil avait mené à celle de Céline...

GUY: «J'appelle René sur son cellulaire. Boîte vocale. Je lui laisse un message du genre: "Salut, René! C'est Guy A. Je sais que tu es en ville. Si jamais tu veux jouer au poker, appelle-moi, ça serait *cool*. Bon, ben, c'est ça, prends soin de toi. Salut... Ah oui, j'ai entendu dire que ta chanteuse vient de sortir un disque... Écoute, si ça peut te rendre service, on a une petite place sur notre *show*, si jamais ça peut vous aider pour la promo... Les temps sont durs dans l'industrie, pis les amis, c'est fait pour s'entraider. Bye!" René me rappelle dans la journée. Il est crampé en deux. Il joue le jeu: "On va avoir besoin de ton aide, je pense..."

C'est ce que j'aime avec René Angélil. Il est loyal et il a le sens de l'humour. Mais il négocie quand même: "Céline va faire *Le Banquier* avant!" Je dis oui tout de suite (c'est pas le même public). Et elle veut chanter (*yesss!*) Résultat: Céline fut impériale sur le plateau de TLMEP.»

Cette fois, Francine Chaloult n'avait pas eu de mal à me croire lorsque je lui ai confirmé la présence de Céline à l'émission. Grâce à l'amitié de René Angélil pour Guy et parce qu'il avait été heureux du résultat de son entrevue, son attachée de presse se doutait « que ça finirait bien par se faire ».

Céline est une exception dans bien des domaines, sur notre plateau comme ailleurs. Pour la seule et unique fois (jusqu'à présent), son entrevue serait donc enregistrée deux semaines avant sa diffusion. Puisque la présence de Céline devait rester secrète, le public ne savait pas en venant assister à l'émission du 21 octobre 2012 qu'elle serait là, et qu'en plus, elle chanterait ! Les spectateurs n'en revenaient pas de leur chance. Comme chaque semaine, on leur avait fait signer un document de confidentialité stipulant qu'ils ne pouvaient rien dire de l'émission avant sa diffusion.

Pendant que Céline répétait sa chanson, en après-midi, la rumeur qu'elle était en train de chanter au studio 42 a commencé à circuler. Tout le monde savait que Céline Dion était à Montréal, mais personne ne se doutait qu'elle était à Radio-Canada ! « Elle était accompagnée par Mégo (Claude Lemay), son pianiste et directeur musical, raconte Manon Brisebois, la réalisatrice de TLMEP. Elle avait apporté son propre micro, avec un pied très chic ; on aurait dit du diamant ! Je me suis présentée, elle m'a vouvoyée, j'étais très impressionnée. Elle est très gentille et très professionnelle. Céline a interprété *Je n'ai pas besoin d'amour*, une chanson écrite par Jean-Pierre Ferland et composée par Daniel Mercure. Parce qu'elle ne l'avait pas chantée souvent, elle avait un écran géant sur lequel les paroles étaient écrites en gros caractères. Elle était toujours prête, que ce soit pour la répétition (qui s'est super bien déroulée) ou l'entrevue. Après la répétition, elle est retournée dans sa loge jusqu'à son entrevue, pour la coiffure et le maquillage, pendant notre répétition générale avec Guy A. et Dany. »

Si le studio 42 est grand et fonctionnel, les loges sont petites et beiges. Mais pour Céline, exit le *drabe*. Avec beaucoup d'imagination mais peu de moyens, le designer-décor Yves Desrosiers avait transformé une pièce fade et terne en une loge digne de ce nom pouvant accueillir dix personnes. Les murs avaient été re-

Seule photo existante de la pièce aménagée spécialement pour Céline Dion.

La même pièce, avant transformation.

peints, des meubles, empruntés, et on y avait aménagé un coin-repas, un autre pour le maquillage et un troisième pour la détente. Un buffet somptueux, offert par la production, avait été servi répondant aux moindres goûts et désirs de la *star* et de ses invités. Même René Angélil avait été impressionné par cette loge royale, qui n'a servi qu'une seule fois !

GUY
– Céline, je te cite en 2008 : « Je n'ai pas fait beaucoup d'études, ça m'a nui beaucoup. Je n'ai pas vraiment eu tout le matériel nécessaire pour me défendre, alors j'ai toujours eu peur des questions. » Les questions, t'avais peur de les poser ou t'avais peur de te les faire poser ?

CÉLINE DION
– J'avais peur de mes réponses. J'avais peur de ne pas comprendre les mots. J'avais peur de ne pas être capable de pouvoir répondre aux questions. Parce que tout au début de ma carrière, tous les textes étaient écrits. « Bonsoir, tout le monde ! Je suis très heureuse d'être ici avec vous ce soir. » Mais j'ai toujours eu peur... Surtout au début d'une carrière, t'es obligée de te prouver à toi-même, t'es obligée de te prouver à l'industrie, t'es obligée de te prouver à ta famille, à tes *fans*. Puis là, t'as toujours l'impression que tu rentres dans le *show-business* comme une nouvelle petite souris qui arrive, puis là tu dis : « Je voudrais me faire accepter, s'il vous plaît. Est-ce que vous m'acceptez ? Est-ce que je peux chanter pour vous autres ? »

Pendant ce temps, René Angélil était installé devant un grand écran de télévision, dans le salon attenant au studio, attentif à tout. Aucun détail de l'entrevue ne lui échappait. Il a apprécié la qualité des questions et il a déclaré que cette entrevue était l'une des meilleures que sa femme ait données. « Céline était contente d'être là, se souvient Francine Chaloult. Elle était heureuse entre autres parce que René l'a trouvée particulièrement allumée, intelligente et belle. Je la trouvais un peu sur son quant-à-soi au début de l'entrevue, mais très relaxe par la suite. Elle était différente d'ailleurs, beaucoup plus *cool*. Elle était magnifique, calme et très classe. »

CÉLINE DION
– J'ai réalisé à un moment donné que René-Charles se cachait un peu derrière sa chevelure. C'était un peu sa façon à lui de se protéger. [...] Mais quand on connaît son enfant, qui vit des moments à travers le monde, des *bodyguards*, des avions privés,

des limousines, parle pas à personne, reste à côté de moi, des fous qui sautent dans la salle, du monde qui crie, du monde qui perd connaissance, t'es jeune, t'es enfant, tu vois ça. Chaque fois qu'on allait en public, je me suis rendu compte, à l'âge de 5, 6 ans, que René-Charles commençait à courber et que sa chevelure commençait à prendre le dessus et qu'il se cachait.

C'était une façon à lui de se protéger.

Après l'entrevue, René Angélil, satisfait, avait chaleureusement remercié Guy, et la troupe était partie. Quant à nous, il ne nous restait plus qu'à commencer l'enregistrement de l'émission de la semaine : on était jeudi après tout !

DANY : « Mon plus beau souvenir de Céline, c'est de l'avoir vue en répétition dans l'après-midi, pas coiffée, pas maquillée, au naturel, la p'tite fille de Charlemagne ! Un véritable privilège de notre métier ! »

CARTE CÉLINE DION
Promets-moi de ne plus jamais faire le tour du monde, et les émissions de TVA au grand complet, sans passer nous dire bonjour avant !

Cette carte TLMEP est personnelle et est valable sans durée de temps.
TOUT LE MONDE EN PARLE

LES ENTREVUES | *HUMAN*

Quoi qu'on en dise, *Tout le monde en parle* n'est pas qu'une émission de controverses et de *plogues*. Il a toujours été important pour nous de recevoir des gens qui traversent une épreuve, qui vivent une expérience hors de l'ordinaire, qui veulent partager une réalité ou changer les choses. Ce sont les entrevues qui touchent le plus les téléspectateurs, celles qui suscitent le plus de réactions.

GUY : « C'est avec la maman d'une des victimes de Polytechnique, Suzanne Laplante-Edward, qu'on a commencé à faire des entrevues dites "humaines". Pas des artistes, pas des journalistes, pas des témoins, mais des victimes. Directes ou collatérales. Des dizaines d'autres ont suivi. Et si j'ai continué à animer cette émission pendant les dix années suivantes, c'est pour ces rencontres qui ont bouleversé les téléspectateurs ainsi que moi-même. »

L'entrevue avec Suzanne Laplante-Edward s'était terminée par une minute de silence en mémoire des 14 victimes de la tuerie de l'École polytechnique, décédées le 6 décembre 1989 :

in memoriam

Geneviève **BERGERON** Hélène **COLGAN**
Nathalie **CROTEAU** Barbara **DAIGNEAULT**
Anne-Marie **EDWARD** Maud **HAVIERNICK**
Maryse **LAGANIÈRE** Maryse **LECLAIR**
Anne-Marie **LEMAY** Sonia **PELLETIER**
Michèle **RICHARD** Annie **ST-ARNEAULT**
Annie **TURCOTTE** Barbara **KLUCZNIK WIDAJEWICZ**

6 DÉCEMBRE 1989

Préparer l'entrevue d'une personne qui vit ou a vécu un drame est toujours difficile. Pendant des jours, il faut se plonger dans une histoire tragique qui nous dépasse et arriver à trouver les mots pour en parler avec tact et empathie. Très souvent, la recherchiste reste des jours entiers avec des images insoutenables dans la tête. Dominique Rhéaume a souvent préparé ces dossiers sur « ces gens pas si ordinaires », comme elle aime les appeler : « Une des choses dont je suis fière, quand je repense aux dix ans de l'émission, c'est la voix que nous avons donnée aux gens qui vivent une situation extraordinaire. Voici mes trois coups de cœur bien personnels.

En décembre 2009, Nathalie Provost, survivante du drame de Polytechnique, a accepté de nous donner une entrevue, ce qu'elle fait très rarement, afin de commémorer la tuerie, dont on soulignait le 20e anniversaire. Forte, droite et posée, elle est venue raconter comment cet événement avait marqué sa vie, mais elle était surtout là pour rappeler l'importance de continuer la lutte féministe. Elle affirmait que, malgré ce que certains pourraient croire, tout n'était pas gagné.

En avril 2011, Roxanne Héroux est accueillie sur le plateau sur l'air de *C'est ma vie*, d'Adamo. D'entrée de jeu, elle souligne à quel point les paroles de cette chanson s'appliquent à elle : c'est sa vie, elle n'y peut rien, c'est elle qui l'a choisie. Maman

Marie-Paule McInnis, Martine Bélanger et Marie-Hélène Guimont

de deux jeunes garçons atteints d'autisme, elle a accepté de partager avec nous son quotidien, de nous ouvrir un peu la porte de sa maison, pour que les téléspectateurs soient davantage sensibilisés à cette maladie et qu'ils comprennent, autant que possible, ce que vivent les parents dans cette situation.

En décembre 2013, Marie-Paule McInnis, Marie-Hélène Guimont et Martine Bélanger sont venues raconter leur triste histoire : toutes trois portent le deuil d'un enfant – ou même deux – tué par leur ex-conjoint. Malgré leur peine, elles militent pour que davantage d'aide soit offerte aux parents qui vivent un tel drame.

J'ai été très touchée par la dignité de toutes ces personnes qui sont venues nous livrer un témoignage.

Je n'ose pas imaginer leur angoisse quelques secondes avant d'entrer sur le plateau ! Mais elles l'ont fait. Pas pour qu'on pleure sur leur sort, au contraire, mais pour améliorer celui de leur prochain. À ceux qui disent que c'est du sensationnalisme, je réponds qu'au contraire, c'est exposer une réalité, dans le respect et dans l'écoute.

Je lève mon chapeau à tous ces gens extraordinaires qui ont eu la générosité d'accepter notre invitation. Leur courage est immense, bien plus grand que la petitesse de ceux qui leur ont fait du mal. »

ISABELLE | GASTON

GUY: « Avant l'entrevue, il y a eu entre nous deux plusieurs discussions téléphoniques afin de la convaincre. Elle devait me faire confiance et je n'avais aucune envie de la brusquer. »

Aucune brusquerie durant cette entrevue ponctuée de silences et de larmes retenues. Isabelle Gaston restait droite. Le public ne bougeait pas. Les caméramans se faisaient discrets. Le temps s'était arrêté au studio 42. Le temps d'Isabelle.

GUY: « À la suite de cette mémorable entrevue, Isabelle Gaston et moi nous sommes reparlé, car nous devions gérer l'impact de son témoignage devant le grand public. Quand je l'ai réinvitée, nous nous sommes parlé deux ou trois fois avant, afin de bien fixer le moment de l'entrevue. Son meurtrier d'ex-mari comparaissait devant la Cour supérieure à Saint-Jérôme. À la suite de la décision de la Cour d'appel, il devait à nouveau faire face à des accusations de meurtre avec préméditation pour l'assassinat de ses deux enfants.

Elle m'avait laissé un message, d'une voix forte:

"Salut, Guy! C'est Isabelle. Rappelle-moi, j'ai raté ton appel."

Gagner la confiance d'Isabelle, quand on s'appelle Guy en plus... J'éprouve pour cette femme un immense respect

Impossible pour moi d'être impartial devant Isabelle Gaston. J'ai le mépris le plus total pour le père de ses enfants, Guy Turcotte (mon prénom et le nom de famille de Dany, câlisse!), qui a massacré à mort ses deux enfants. À mes yeux, ce type est un manipulateur et une ordure. »

GUY

– Vous êtes la mère d'Olivier et d'Anne-Sophie, les deux enfants tués sauvagement par votre ex-conjoint Guy Turcotte le 20 février 2009. Ça fait presque 3 ans, comment allez-vous aujourd'hui?

ISABELLE GASTON

– C'est toujours une question à laquelle il est difficile d'apporter une seule réponse. Je considère qu'avec ce qui m'est arrivé, je vais bien. Mais je ne serai plus jamais, jamais, la même personne. Mais quand je m'analyse plus profondément, je trouve que je vais aller mal pour le restant de mes jours.

DANY: « La visite d'Isabelle Gaston fut le moment le plus chargé d'émotion de l'histoire de l'émission! J'entends encore ce silence lourd dans le studio 42, pas une toux, pas un raclement de gorge; on n'entendait qu'un vague bruit électrique de l'éclairage! Cette femme est forte, impressionnante, mais on sent dans tous ses gestes l'immense traumatisme provoqué par le drame. Dans une entrevue comme celle-là, mon rôle est de m'effacer, d'écouter et de souffrir avec elle. »

NANCY|MAWN

En 2010, juste avant l'enregistrement d'une émission, Guy et Dany acceptent de rencontrer une femme assise dans le public. Elle a 48 ans et elle souffre d'un cancer des ovaires depuis cinq ans. Il ne lui reste que peu de temps à vivre et elle le sait. Elle s'appelle Nancy Mawn et l'un de ses souhaits avant de mourir, c'est d'assister à un enregistrement de *Tout le monde en parle*. Son courage et sa sérénité ont donné envie à Guy et à Dany de la recevoir sur notre plateau la semaine suivante.

GUY

– Pourquoi autant de sérénité, alors qu'on pourrait s'attendre à de la colère ?

NANCY MAWN

– Je n'ai pas été là. Pas du tout. J'ai accueilli la situation et je me suis dit : « Je n'ai pas de temps à perdre. » J'ai pas le temps d'être triste, j'ai pas de temps à me fâcher. Là, le temps qu'il me reste est précieux. Il est important, et je veux profiter de ces moments-là au maximum.

DANY

– Vous faites confiance à la vie encore ?

NANCY MAWN

– Totalement. Je suis sûre que ça va très bien aller. La vie ne m'a jamais lâchée, malgré les épreuves. Elle ne me lâchera pas en fin de vie comme ça. C'est clair. Mourir, là, moi, je le sais pas, mais quand j'ai signé mon contrat de film de vie, on m'a dit, tu meurs à la fin. Donc, je pense que c'est vraiment se mettre la tête dans le sable. On va tous mourir, là.

Nancy Mawn a laissé un souvenir impérissable à tous ceux et celles qui l'ont croisée.

DANY : « Nancy Mawn est mon invitée préférée des dix ans de l'émission ! Cette femme a changé ma vie et, encore plus impressionnant, elle changera ma mort ! Sa sérénité face à sa fin de vie m'a fait prendre conscience de notre fragilité, mais aussi de cette force intérieure qui nous habite. Après son passage marquant à l'émission, je suis resté en contact avec son mari. Il m'a tenu au courant de chaque événement de son chemin vers sa fin. Elle rêvait de tenir sa nouvelle petite-fille dans ses bras avant de partir et elle a été exaucée. »

CARTE DE NANCY MAWN À DANY
La vie ne se compte pas en respirations, mais par les moments qui t'ont coupé le souffle ! Longue vie à vous !

Cette carte TLMEP est personnelle et est valable sans durée de temps.
TOUT LE MONDE EN PARLE

NELLY|ARCAN

L'écrivaine Nelly Arcan est venue deux fois à l'émission. La première, pour parler de son deuxième roman, *Folle*, que Guy avait présenté comme son «coup de cœur de la saison». Voici ce qu'il en avait dit devant une Nelly Arcan ravie : «Un livre que j'ai beaucoup aimé. Vous écrivez magnifiquement. Vos personnages sont incroyablement touchants et décadents...» De quoi rassurer la jeune auteure. Les commentaires favorables de l'animateur et la fascination qu'elle exerçait sur Véronique Cloutier, présente sur le plateau, et qui avouait adorer *Folle*, l'avaient mise en confiance.

Dix ans plus tard, notre perception de cette entrevue est forcément teintée par le suicide de la jeune femme de lettres, mais, chose certaine, nous aimions vraiment ses livres. C'est la principale raison pour laquelle nous avions invité ce personnage bourré de contradictions et qui nous permettait de mettre en lumière ses multiples facettes, de la réflexion au cabotinage. Nelly Arcan avait les mots pour ça et Guy, l'audace. On retient de cette rencontre son esprit lucide et, malgré sa frayeur palpable en début d'entrevue, elle avait fini par prendre plaisir aux questions et à ses propres réponses.

Elle est revenue trois saisons plus tard avec son troisième roman, *À ciel ouvert*. Encore une fois, il était question du culte de la beauté, de la peur de vieillir, de chirurgie plastique et du désir de plaire à tout prix. Cette fois-ci, Nelly Arcan portait une robe qu'elle avait soigneusement choisie, une robe qui allait la déshabiller aux yeux de tous.

GUY

– Vous êtes très préoccupée par votre image corporelle, parce que ce qui vous angoisse le plus quand il faut faire la promotion de vos livres, c'est pas les entrevues, c'est pas de parler aux gens, c'est les séances de photos.

NELLY ARCAN

– Oui, parce que dans l'écriture, il y a toujours un espace où on peut se permettre d'être laid si on veut, alors que dans l'image, surtout dans notre société, où on est vraiment mitraillé d'images, de publicité, on vit dans une société de consommation de la féminité. Donc, les hommes consomment la féminité et les femmes aussi transforment leur propre féminité.

Cette entrevue l'avait profondément heurtée. Elle avait pourtant apporté ses propres munitions : cette robe-là, ces thèmes-là, ces contradictions-là. L'auteure Arcan aurait souhaité une entrevue plus littéraire, Nelly a eu droit à une entrevue à la *Tout le monde en parle*. Pourquoi la première l'a-t-elle ravie et la deuxième, démolie ?

On trouve un début de réponse dans *Accent grave*, une de ses chroniques publiées dans l'hebdomadaire *Ici*, dans laquelle elle revient sur son passage à l'émission où elle s'est sentie plus examinée qu'écoutée et où, selon elle, sa parole importait peu.

CARTE NELLY ARCAN

Dans vos livres, vous dénoncez le culte de la beauté, la chirurgie plastique et le désir de plaire à tout prix. On peut donc conclure que votre devise est « Faites ce que j'écris, ne faites pas ce que je vis ».

Cette carte TLMEP est personnelle et est valable sans durée de temps.
TOUT LE MONDE EN PARLE

Dans cette chronique, l'écrivaine refuse d'endosser le texte de la carte remise par Dany (voir ci-dessus), expliquant qu'elle n'est qu'un témoin de notre monde et qu'elle n'avait pas trouvé, sur notre plateau, l'espace de parole espéré.

Un espace qu'elle a à jamais dans son œuvre. Ce n'est pas rien.

DANY: « Après le passage de Nelly Arcan, je n'avais pas souvenir d'avoir été particulièrement virulent avec elle. Je l'avais taquinée comme je le fais avec tous les invités : c'est mon travail ! À la suite de son décès et de ce texte où elle parle de son passage à l'émission, j'ai été pris de remords. J'ai donc revu l'entrevue, pour constater qu'elle était fidèle à mon souvenir. Malheureusement, je ne savais pas que, ce soir-là, on avait affaire à une personne malade. Je ne connaissais pas son passé et ses tentatives de suicide.

GUY: « J'ai lu tous les livres de Nelly Arcan. J'aimais beaucoup l'auteure. Je trouvais cependant la fille un peu bizarre, toujours dans un jeu de séduction futile. Elle était néanmoins gentille (et surtout talentueuse). La seconde fois qu'elle est venue à l'émission, elle m'a semblé fragile et désorientée, mais je l'ai vue rapidement, juste avant l'entrevue, qui s'est déroulée cahin-caha, passant d'un sujet à l'autre, alors que nous tentions tous les deux de nous ajuster l'un à l'autre. Lors du montage, j'ai éliminé les pires moments de malaise, car je voulais la protéger. Elle était visiblement déboussolée ce soir-là. Ce qui est resté à l'écran était ce qu'il y avait de moins pire. Avec le recul, je ne comprends pas pourquoi son entourage lui a permis de se présenter sur notre plateau. »

MESSMER, CLAUDE LEGAULT ET GEORGES LARAQUE

MESSMER

– Claude, je pousse sur vos doigts et vos doigts collent, collent de plus en plus, encore plus fort et vos doigts restent coincés, collés, soudés.

CLAUDE LEGAULT

– Chus dans marde !

Venu présenter le film *Les 7 jours du talion* avec le réalisateur Podz, Claude Legault ne pouvait pas décoller ses doigts les uns des autres. Il venait de tomber sous le pouvoir du fascinateur Messmer. Les autres invités faisaient ce qu'ils voulaient de leurs dix doigts, mais Claude Legault, non. Et il se demandait bien pourquoi.

« C'est-tu parce que j'ai un cerveau faible ? », demanda-t-il ce jour-là. Aujourd'hui, Messmer lui répond : « Vous étiez réceptif à l'hypnose et à mon magnétisme, ce qui n'a pas de lien avec la force de votre cerveau. Tout le monde est réceptif à l'hypnose, mais pas au même degré. Un esprit vif, une proximité avec ses émotions, un laisser-aller et une bonne capacité de concentration sont des facteurs qui peuvent favoriser le niveau de réceptivité d'une personne. »

Georges Laraque

CLAUDE LEGAULT

– J'aimerais ça rester habillé. OK ?

MESSMER

– Oui, pas de problème. Fermez les yeux, Claude.

GUY

– Oui, mais y en a d'autres qui aimeraient ça que tu te déshabilles !

Claude Legault ne s'est pas déshabillé, mais il n'était pas au bout de ses peines. En effet, par l'hypnose, Messmer avait effacé le chiffre 7 de son esprit. Un peu gênant quand on veut parler de son rôle dans *Les 7 jours du talion* !

MESSMER

– Quel est le titre de votre film ?

CLAUDE LEGAULT

– Lequel ?

PODZ

– Celui qu'on a fait, là.

CLAUDE LEGAULT

Le talion.

GUY

– Oui, mais c'est pas ça le titre au complet.

DANY

– Les... jours...

CLAUDE LEGAULT

– Ah, ciboire, il manque... Il y a un trou. Tabarnak !

Le comédien retrouva toute sa mémoire, mais dans les jours suivants, alors qu'il était en pleine campagne de promotion de son film, les journalistes ne lui parlaient que de son aventure avec Messmer. N'ayant vraiment pas apprécié le fait d'être sous l'influence de quelqu'un en public, Claude Legault n'avait pas trop envie d'en parler.

de Legault et Messmer

Si tous les invités étaient nerveux à l'idée de tomber sous l'emprise du maître hypnotiseur, Georges Laraque, lui, semblait tout simplement terrorisé. Il disait avoir déjà été sujet de Messmer et il ne pouvait donc pas entendre sa voix, au risque de tomber en état d'hypnose instantanément. Il n'avait visiblement pas envie de revivre l'expérience. Il se bouchait les oreilles et fuyait Messmer dès que celui-ci approchait. C'était assez amusant de voir l'ancien homme fort du Canadien avoir peur du pouvoir que pourrait avoir un monsieur « habillé propre sur lui ».

Mais depuis, Georges Laraque nous a avoué avoir fait semblant de craindre Messmer. « Quand il a fait le tour des invités, j'ai joué le jeu. Depuis, le monde ne me parle que de ça, à quel point j'avais peur de Messmer, moi, le *goon* du Canadien ! Et je continue de jouer le jeu. Ça me fait rire. »

Claude Legault le sait-il ? « Non. Un jour, j'ai failli lui dire, mais je n'en ai pas eu le courage. Il va l'apprendre en lisant le livre ! »

Pour Georges Laraque, son passage à *Tout le monde en parle*, quelques jours après le terrible tremblement de terre qui a secoué Haïti, pays de ses ancêtres, a complètement changé l'image que le public se faisait de lui. « J'ai pu enfin parler de mon implication pour Haïti, se souvient-il, mais aussi de mon combat pour la défense des droits des animaux et de mon végétalisme. Pour la première fois, les gens découvraient l'être humain. On a pu voir qui j'étais vraiment et, depuis, le regard des gens sur moi a changé. C'est vraiment un moment important dans ma carrière. »

DANY
POUVEZ-VOUS FAIRE QUELQUE CHOSE POUR STEPHEN HARPER, PAR EXEMPLE ?

MESSMER
PEUT-ÊTRE EN LE RENCONTRANT, PEUT-ÊTRE QU'EN LUI PARLANT…

GUY
NON, JE PENSE QU'IL POURRAIT VOUS ENDORMIR LUI AUSSI.

GUY|FOURNIER

Alors président du conseil d'administration de Radio-Canada, Guy Fournier tenait une chronique dans le magazine *7 Jours*. À l'automne 2006, il avait, sous le couvert d'un humour douteux, écrit ceci : « Au Liban, la loi permet aux hommes d'avoir des relations sexuelles avec des animaux à la condition qu'il s'agisse de femelles ! Faire la même chose avec des bêtes mâles peut entraîner la peine de mort ! » Choquée, la communauté libanaise avait vivement protesté.

Guy Fournier avait accepté notre invitation, car, il le dira lui-même sur le plateau, il voulait profiter de la tribune de TLMEP pour deux raisons : s'excuser auprès des gens de la diaspora libanaise et annoncer sa démission...

ANDRÉ DUCHARME: « Juste avant l'entrevue, Guy Fournier nous a dit, à Guy et à moi, qu'il allait annoncer sa démission. On pensait que c'était sa démission comme président du conseil d'administration de Radio-Canada. On a refait le plan d'entrevue en catastrophe, et il nous a finalement annoncé sa démission de chroniqueur du *7 Jours* et qu'il abandonnait les activités qui n'étaient pas directement reliées à sa fonction de président du C.A. de la SRC. »

GUY FOURNIER

– Ça fait presque cinquante ans que je fais de la télévision. Je pense modestement que je peux apporter une contribution significative, et c'est évident que j'ai été placé cette semaine devant un choix. J'ai fait le choix de rester au conseil et d'abandonner tout le reste.

Un peu plus tôt, au printemps 2006, sur les ondes d'une radio communautaire de Toronto, Guy Fournier avait accordé une entrevue portant sur le plaisir de la défécation ! Pendant dix longues minutes, l'animateur Pascal Beausoleil et

son invité avaient échangé sur ce besoin essentiel, mais ô combien intime...

Pendant l'émission, Guy fit entendre un extrait de l'entrevue, où Guy Fournier confiait aux auditeurs que la défécation pouvait se comparer aux sensations éprouvées lors d'un orgasme et qu'en vieillissant, on faisait moins souvent l'amour qu'on allait à la selle. Conclusion : faire caca était un plaisir plus durable !

GUY FOURNIER [À GUY]

– Je te remercie de m'avoir infligé cette torture-là, parce que j'ai pas besoin de te dire que je regrette.

DANY: « Ce soir-là, on recevait Thierry Ardisson et Serge Lama. Monsieur Fournier ne pouvait pas plus mal tomber ! Si au Québec, on se garde une petite gêne sur la déconfiture d'un personnage public, en France, on s'en gargarise avec délectation. Je me souviens du plaisir démoniaque de Serge Lama écoutant monsieur Fournier se défendre. Ce soir-là, il n'était vraiment pas tombé sur le bon moment ni au bon endroit ! »

SERGE LAMA [COMPLÈTEMENT HILARE]

– Plus il se justifie, plus il s'enfonce !

Finalement, au lendemain de la diffusion de l'émission, Guy Fournier renonça à son poste de président du C.A. En entrevue avec Jean-Luc Mongrain, le président déchu était incapable de dire s'il s'était

CARTE GUY FOURNIER
Vous êtes l'une des rares personnes à avoir la grande capacité de transformer sa matière grise en matière brune.

Cette carte TLMEP est personnelle et est valable sans durée de temps.
TOUT LE MONDE EN PARLE

Serge Lama et Thierry Ardisson,
écoutant Guy Fournier se défendre

senti piégé par Guy A. Lepage, mais il a dit savoir qu'il était cuit et devrait démissionner. L'homme de télévision a beaucoup souffert à la suite de cette entrevue.

Dans une chronique soulignant la parution d'une nouvelle de Nelly Arcan, *La honte*, où l'écrivaine évoque en mots brûlants l'humiliation subie lors d'une entrevue dans un «*talk-show*» très suivi de la télévision canadienne», Guy Fournier l'avait remerciée d'avoir écrit, avec un courage qu'il n'avait pas eu, l'humiliation qu'il disait avoir «traînée» longtemps après son entrevue.

GUY: «Je dois beaucoup à Guy Fournier. Il était président de TQS en 1986 et c'est grâce à lui (et à Madeleine Careau) si RBO a obtenu une case horaire à cette station. Notre carrière a décollé à ce moment-là.

Il était président de l'Académie canadienne du cinéma et de la télévision, et c'est son comité qui a choisi de me décerner le prix Gémeaux Hommage pour l'ensemble de ma carrière, à 43 ans.

Les propos douteux de Guy Fournier sur la bestialité des fermiers libanais ou sur le plaisir de déféquer auraient pu passer pour de la rigolade, n'eût été sa fonction de président du C.A. de Radio-Canada. Dans ce contexte, il n'avait que deux choix: décliner l'invitation ou venir répondre à nos questions, ce qu'il a fait courageusement.

Comme animateur, je n'avais qu'un choix: lui poser les questions comme s'il avait été n'importe quel autre invité qui ne m'avait pas donné un coup de main dans ma carrière. Ça s'appelle de la rigueur. Et cette rigueur m'a procuré un ennemi. J'en suis navré.»

Anne-Marie Losique et André Ducharme

ANNE-MARIE | LOSIQUE

Pour sa toute première visite sur notre plateau, l'animatrice et productrice Anne-Marie Losique tentait, entre deux minauderies, de faire la promotion de *La vie rurale*, une émission qu'elle animait et produisait. Rappelons-en le concept révolutionnaire: en talons hauts et jupe courte, deux jeunes filles de la grand' ville se déhanchent dans de bucoliques champs à vaches. Un titre d'émission qui ne plaisait pas vraiment aux invités sur le plateau; prononcé d'une traite, «la virurale» sonnait comme un nom de maladie sexuellement transmissible! Guy proposa alors à son invitée les titres suivants: *Bouse et Gucci, Sili conne Valley, Les aventures des deux sacoches, Les deux poules pas de tête et Anne-Marie et Jacynthe, la ferme!*

Deux ans plus tard, la rencontre entre AML et RBO fut explosive. Elle était sur le plateau pour faire la promotion de *La job*, l'adaptation d'une série britannique qu'elle produisait, et ils y étaient pour ploguer leur *Bye Bye 2006*. L'affriolante femme d'affaires avait ouvert les festivités en annonçant qu'elle voulait «faire lever le *party*», puis, elle s'était tournée vers un des membres de RBO, Yves, pour ne pas le nommer: «Tu commences à me tenter. Fais attention.» Et le *party* avait levé.

YVES PELLETIER
– Moé itou, je suis capable de *frencher*.

DANY
– Tu vas avoir plein de bobos.

ANNE-MARIE LOSIQUE
– Ah, c'est méchant!

DANY
– Non, mais ça suffit, là, j'aurais l'impression de fouiller dans les poubelles.

Anne-Marie avait donc *frenché* Yves, Guy et André. Mais pas Bruno. Ni Dany.

ANDRÉ DUCHARME: «Après mon *french* avec Anne-Marie Losique, j'ai reçu plusieurs courriels d'insultes. La plupart affirmant que j'avais été très irrespectueux envers ma conjointe et que je méritais qu'elle me quitte, d'autres affirmant que ma conjointe était une *ostie* de niaiseuse d'endurer ça. »

Durant cette entrevue, Yves P. Pelletier avait tenté de faire parler madame Losique de ses projets de productrice, mais en vain. Ses réponses n'étaient que rires et moues. À ceux qui disaient avoir trouvé l'entrevue superficielle et vulgaire, elle répondit, par l'entremise de *La Presse* : « Quand je viens à *Tout le monde en parle*, c'est pour s'amuser. Moi, j'ai trouvé ça assez rigolo comme émission, mais peut-être que c'est moi que les gens ont trouvée vulgaire. »

De plus en plus dévêtue à chacun de ses passages à l'émission, l'animatrice et productrice en avait remis la fois suivante, alors qu'elle venait présenter une nouvelle émission pour adultes, *Pôle position Québec*. Son léger vêtement ayant décidé de ne pas rester en place, elle avait demandé à son voisin, Jean-Michel Anctil, de le surveiller. Tâche dont il s'était acquitté avec un peu trop de diligence.

GUY
– Jean-Michel, tu pourras pas dire à ta blonde : « Je suis désolé, j'étais un peu saoul. »

JEAN-MICHEL ANCTIL
– Je savais pas ce que je faisais, mon amour. Ses seins m'ont sauté dans face. Je voulais pas, non, non !

DANY : « Le rapport entre Anne-Marie Losique et moi a toujours été assez trouble. J'ai beaucoup de misère avec son personnage de nunuche et, comme sa séduction n'a aucune emprise sur moi, chacune de nos rencontres tourne au vinaigre ! Je dois aussi avouer qu'elle et moi, on s'amuse de cette situation : madame aime le spectacle et le spectacle l'aime. Toutes les cartes que je lui ai préparées étaient mordantes à souhait. Celle qui suit résume assez bien notre rapport. »

GUY
DANS TON LIVRE, IL Y A DES ÉLÉMENTS ASSOCIÉS HABITUELLEMENT À L'ÉROTISME : LES DESSOUS FÉMININS, LES TALONS HAUTS, ON VOIT DES CHEVAUX, DES MOTOS. MAIS CE QUE JE COMPRENDS MOINS, C'EST LES PATATES FRITES.

ANNE-MARIE LOSIQUE
BEN, TU TROUVES PAS QUE T'AS ENVIE DE MANGER DES FRITES ?

DANY
C'EST LÀ QUE L'EXPRESSION LÈCHEFRITE EST NÉE, JE PENSE.

CARTE ANNE MARIE LOSIQUE
Vous voir me réconforte énormément sur mon orientation sexuelle !

Cette carte TLMEP est personnelle et est valable sans durée de temps.
TOUT LE MONDE EN PARLE

CLAUDE ROBINSON|ET LUCA PATUELLI

Claude Robinson est le créateur de *Robinson curiosité*, une série pour enfants vendue et diffusée dans plus de 120 pays, alors qu'elle avait été plagiée par la compagnie québécoise Cinar et un consortium international de producteurs en animation. Après dix-huit années de lutte judiciaire, la Cour suprême du Canada a condamné ces entreprises à verser 4,4 millions pour plagiat à Claude Robinson.

Dix-huit ans à se battre pour faire valoir ses droits et faire reconnaître la paternité de son œuvre. Comme si cette lutte n'était pas un fardeau suffisant, Claude Robinson a commencé à souffrir de polyarthrite rhumatoïde. C'est une forme d'arthrite inflammatoire qui détruit les articulations et les os en attaquant le système immunitaire, «qui est devenu plus puissant que moi», avait-il lancé à la blague au public, qui l'accueillait chaleureusement.

À ses côtés, le jeune Luca Patuelli, atteint d'arthrogrypose. Malgré son handicap sérieux à la colonne vertébrale et aux jambes, Luca Patuelli mène une carrière de danseur et de motivateur à travers le monde. Il a créé une école de danse pour les personnes handicapées et a fondé une équipe internationale de breakdance. Son surnom: *Lazylegz*. Son slogan: «Pas d'excuses. Pas de limites.»

Le témoignage de Luca Patuelli, son optimisme contagieux et sa force avaient marqué les gens dans le studio et Claude Robinson. Deux hommes plus grands que nature, au courage «sans limites», s'étaient rencontrés.

CLAUDE ROBINSON

– J'étais vraiment *down*, je m'adonne à regarder la télévision, et il y avait le reportage où on te voit avec tes enfants... Écoute, je braillais comme une Madeleine. T'as été vraiment une inspiration extraordinaire pour moi.

LUCA PATUELLI

– Merci beaucoup.

CLAUDE ROBINSON

– Ça, pour moi, c'est mon héros.

Luca Patuelli a organisé son premier Défi «Je peux», une marche de 2,5 km, quelques mois plus tard. Il nous a écrit pour

Luca Patuelli et
Claude Robinson

nous inviter à y participer et nous annoncer une bonne nouvelle : « Être à l'émission cet hiver m'a vraiment inspiré à me pousser plus fort, et le 26 juillet 2014, je vais essayer de marcher 2,5 km sans béquilles et sans orthèses. On vient d'avoir la confirmation que Jean Pascal et Claude Robinson seront là aussi ! »

Les deux grands corps malades se sont retrouvés « pas d'excuses, pas de limites », le temps d'une très longue marche, comme en témoigne Claude Robinson : « Ce gars est un géant qui surmonte les obstacles pour lui-même mais avant tout pour les autres. Jean Pascal était à la marche du 26 juillet et moi aussi, avec ma conjointe et plusieurs membres de ma famille. Luca a réussi son défi malgré les douleurs qu'il ressentait. Il est un véritable héros qui nous surpasse tous. »

LUCA PATUELLI

– Mon rêve, c'est de marcher. Chaque fois, je vois la première étoile dans le ciel, même aujourd'hui, je dis : je veux marcher.

Pierre Mailloux, Robert Charlebois et Dan Bigras

LE DOC|MAILLOUX

Le Doc Mailloux nous avait souvent été réclamé comme invité. En 2005, il sévissait à la radio et il donnait ses «opinions psychiatriques» sur les participants de *Loft Story*, une émission populaire et controversée. À la veille d'un enregistrement, un invité avec qui nous étions en pourparlers nous annonce qu'il n'ira finalement pas à TLMEP. Nous le remplaçons *in extremis* par le Doc Mailloux.

GUY
– Ses opinions sont toujours tranchantes, ses raisonnements sont parfois boiteux, voici le Doc Mailloux.

Pendant l'entrevue, il a été question de ses commentaires sur les lofteurs, de son émission de radio, où il conseillait ses «patients» auditeurs, et des propos offensants qu'il avait tenus au sujet du quotient intellectuel des Noirs et des autochtones vivant en Amérique.

Ces derniers propos avaient fortement fait réagir Dan Bigras, Robert Charlebois et Mitsou, déjà présents sur le plateau. Le Doc Mailloux faisait ré-férence à d'énigmatiques études, mais, hostile, Bigras voulait en connaître les auteurs, Charlebois, les critères, et Mitsou, dont le conjoint est métis, était choquée.

MITSOU
– C'est parce que là, t'insultes mon *chum*, t'insultes ma fille!

Tout le long de l'entrevue, les réponses et les explications du psychiatre étaient mises à mal par un plateau de plus en plus agressif. Même l'animateur s'en mêlait:

GUY
– C'est quoi la différence entre consulter et insulter?

PIERRE MAILLOUX
– Euh, écoute, la ligne peut être mince, j'en conviens.

En peu de temps, les trois invités s'en sont pris directement au psychiatre. Surtout Dan Bigras, qui semblait prêt à bondir sur un Doc Mailloux relativement imperturbable.

DAN BIGRAS

– Moi, j'ai été élevé où est-ce que les psys essayent d'aider les gens, pas de tirer dessus, surtout quand ils sont des milliers de démunis qui vous téléphonent pour essayer d'aller mieux.

Les réactions des médias et du public furent telles que, la semaine suivante, nous avons reçu deux invités sur le sujet : Luck Mervil et Philippe Fehmiu.

GUY

– Dans les médias, y a des chroniqueurs, des éditorialistes qui ont dit, depuis quelques jours, qu'on n'aurait pas dû passer cet extrait-là. Es-tu d'accord ?

LUCK MERVIL

– Mais d'avoir des émissions comme ça, ça nous force à avoir des débats de société.

Alors animateur de la quotidienne de *Loft Story*, Philippe Fehmiu avait lancé un ultimatum à ses patrons de TQS : « C'est le Doc Mailloux ou moi. » Ça ne fut ni l'un ni l'autre, la direction ayant congédié les deux vedettes. Que pensait-il de la diffusion de l'extrait ?

PHILIPPE FEHMIU

– C'est correct que vous ayez fait ça. Faut faire ces sujets, parce que, la semaine avant, on ne savait pas ce que le Québec pensait par rapport à ça, maintenant, on le sait.

LUCK MERVIL

– Puis, ton émission s'appelle *Tout le monde en parle…*

GUY

– À date, oui, elle porte bien son titre.

> **PHILIPPE FEHMIU**
> **IL Y A QUELQUE CHOSE D'INTÉRESSANT. [MAILLOUX] A PARLÉ DE LA COMMUNAUTÉ NOIRE, MAIS IL A AUSSI PARLÉ DES AMÉRINDIENS, ET DANS LES MÉDIAS, C'EST PASSÉ DANS LE BEURRE. PERSONNE N'EN PARLE…**

 GUY : « Cette entrevue m'a suivie pendant neuf ans :

— Une plainte de la Ligue des Noirs (même si le président avait tenu à remercier l'animateur et les invités de s'être insurgés contre le Doc Mailloux) ;

— Une plainte désobligeante du CRTC ;

— Une poursuite d'un ancien patient du Doc Mailloux qui s'est éternisée sur neuf ans et pour laquelle il a été débouté par la cour ;

— Une poursuite collective de 25 millions au nom de tous les Noirs du Québec (qui n'a pas été reçue finalement, car l'échantillonnage était trop large).

Malgré tout ça, je ne regrette rien. Le Doc Mailloux "sévissait" à la radio avec ce genre de propos depuis longtemps et, comme producteur, il me semblait important que cela soit entendu et débattu. Et dénoncé. »

DANY : « Le Doc Mailloux a largement contribué à sa propre déconfiture en nous montrant jusqu'où son personnage de psy à contre-courant pouvait aller. »

CHANTAL HÉBERT ET MARIO DUMONT

4 mars 2007. L'Ontario est en pleine tempête de neige, et le Québec, en pleine campagne électorale. Le premier chef invité à présenter le programme de son parti est André Boisclair, pour le Parti québécois. Parmi les autres invités, Chantal Hébert, pour son livre sur Stephen Harper. Mais voilà, la journaliste est à Toronto, et Toronto est sous la neige.

11 mars 2007. La météo s'est calmée et Chantal Hébert peut donc être des nôtres. Cette semaine-là, le chef invité est Mario Dumont, pour le défunt parti de l'ADQ. Jean Charest, alors premier ministre, sera sur notre plateau la semaine suivante. Durant l'entrevue de Mario Dumont, Guy lui présente un tableau représentant le cadre financier du PQ et du Parti libéral sur cinq ans. Le but : lui demander de remplir les cases vides par les chiffres de son cadre budgétaire, chiffres qu'il n'avait pas encore dévoilés. Mais le chef de l'ADQ n'a pas pu se prêter à l'exercice.

Le tableau est resté noir. Vide.

ANDRÉ DUCHARME : « Comme c'est toujours le cas avec les chefs de parti lors d'une campagne électorale, nous avions proposé à Mario de quitter notre plateau à la fin de son entrevue. C'est ce qu'ils font la plupart du temps, afin de ne pas être pris à partie par les autres invités, ou de ne pas se retrouver témoins impuissants d'un moment embarrassant ou controversé. Par inconscience ou par bravade, monsieur Dumont a décidé de rester présent pour l'entrevue de Chantal Hébert. Ce qui s'est révélé être une très mauvaise idée.

L'entrevue formatée de Chantal Hébert lui proposait de commenter la campagne, ses enjeux, et la performance des candidats : André Boisclair, Jean Charest et Mario Dumont, dont l'ADQ avait le vent dans les voiles. Cette entrevue est certainement une des formatées qui a fait le plus jaser. Encore aujourd'hui, Guy et moi avons parfois à répondre à des questions à ce sujet. »

GUY

– Chantal, on va profiter de vos grands talents d'analyste politique pour parler de la campagne électorale québécoise : entrevue « Élections 2007 ». Quand vous regardez la campagne actuelle, quelle est la première chose qui vous saute aux yeux ?

CHANTAL HÉBERT
– Le vide.

GUY [EN PARLANT DE MARIO DUMONT]
– Même de lui ?

CHANTAL HÉBERT
– Ah, mon Dieu ! Après avoir vu son tableau de chiffres, il m'a convaincue qu'il n'était pas prêt à être premier ministre cette année, puisqu'il ne s'était pas préparé pour cet examen-là.

GUY: «À deux semaines de la fin de la campagne, l'ADQ n'avait pas encore dévoilé les chiffres de sa plateforme, contrairement aux deux autres partis. Mario Dumont m'en a voulu longtemps. Il disait qu'on avait fait exprès pour plomber sa campagne en sortant le tableau. Je lui ai dit que s'il s'était levé et avait rempli les cases en disant "pour plus de détails, attendez mardi, lors de notre conférence de presse", il aurait, selon moi, gagné les élections. Surtout qu'il connaissait les chiffres ! Rassurez-vous, nous nous sommes réconciliés depuis.»

Mario Dumont a refusé de venir à TLMEP lors de la campagne électorale de novembre 2008, car il accusait l'équipe d'avoir collaboré avec les conseillers de Jean Charest pour préparer l'entrevue du premier ministre en 2007, ce qui était totalement faux. «Aucune entente n'a jamais été prise avec aucun politicien d'aucun parti, un principe fondamental», dira l'animateur en ouverture d'émission. Le chef de l'ADQ avait probablement encore sur le cœur le tableau et les propos de Chantal Hébert lors de son précédent passage. Mario Dumont avait préféré participer à l'autre émission du dimanche soir, *Dieu merci !,* avec une perruque blonde...

Mario Dumont reviendra toutefois à TLMEP l'année suivante, accompagné de son épouse, Marie-Claude Barrette. Lui qui avait juré de ne plus jamais y remettre les pieds. Il n'y a que les fous...

REZA | DEGHATI

Depuis plus de 30 ans, Reza, photographe français d'origine iranienne, parcourt la planète, et ses photoreportages sont publiés dans de prestigieux magazines : *National Geographic*, *Time*, *GEO*, etc. À 22 ans, il a été arrêté parce qu'il avait collé aux alentours de l'Université de Téhéran ses photoreportages sur la misère et les bidonvilles. Emprisonné pendant trois ans, il a été torturé jour et nuit, pendant cinq mois, par des agents secrets du régime dictatorial alors au pouvoir. Une expérience, dira-t-il, inexplicable en mots. Chaque jour de captivité, il se disait qu'il fallait qu'il sorte de cette épreuve non seulement vivant, mais aussi fier.

REZA

– Si je suis ce que je suis aujourd'hui, c'est parce que je ne me suis pas fait briser pendant cette période.

Après la révolution en Iran, Reza est devenu photographe. Un jour, alors qu'il était en reportage pour *Newsweek*, il a rencontré un des hommes qui l'avaient torturé. Celui-ci était maintenant prisonnier.

REZA

– Je vais vers lui, je me rapproche, et il me regarde, il me reconnaît. Et d'un seul coup, j'ai senti l'homme qui est vraiment brisé à l'intérieur. Il a eu peur. Je dis : «Bonjour.» Il a beaucoup hésité et, finalement, il a tendu la main. Et j'ai dit : «Est-ce que vous avez besoin de quelque chose ? Est-ce que je peux aider votre famille ?»

GUY

– Comment il a réagi ?

REZA

– Il est tombé en sanglots. Il est parti en courant. Je crois que c'était un des moments les plus importants pour moi, parce que le pardon... Il y a des valeurs humaines. Je crois que le pardon fait partie de ça. Plus on donne, plus on reçoit. Je crois à ces mots, je crois aux mots liberté, justice...

Le photographe était venu sur notre plateau pour présenter une exposition de ses photos et son livre *Destins croisés*. Nous lui avons demandé de commenter quelques photos, dont celle-ci, terrible, prise à la veille de Noël.

REZA

– Je me promenais dans la ville. Les francs-tireurs avaient arrêté pendant quelques heures et, d'un seul coup, je vois cette petite fille… (silence) Et pour moi, c'est… Pardon, excusez-moi. (pleurs) Malgré tous les moments difficiles que j'ai passés dans les guerres du monde, toutes les misères que j'ai vues, cette photo, pour moi, c'est le summum de ce qu'est la guerre. Amener une petite fille à vendre ses poupées, je crois que c'est criminel. C'est ça, le crime de guerre.

L'émotion en studio était à couper au couteau. On se souviendra longtemps de l'humanité de ce grand artiste.

Temps de guerre — Sarajevo. Décembre 1993
L'air était glacé, la ville respirait au rythme des sursis accordés. Les rues désertes s'animaient parfois de la course folle de celui qui risquait sa vie pour un peu d'eau, pour une miche de pain, sous le regard des *snipers*. Elle était là, immobile petite touche de couleur dans la grisaille froide de la guerre. Sans un mot, sans un geste, elle vendait ses jouets, témoins d'une vie perdue. Je me suis senti profondément démuni, face à cette injustice de l'humanité qui contraignait une fillette à vendre ce qu'elle avait de plus précieux, ses compagnons, ses garants de l'enfance. C'était dans Sarajevo assiégée que je l'ai vue lutter en silence.

Reza

LE PLACARD | DE DANY

DANY : «Avant mon embauche à *Tout le monde en parle*, je n'avais jamais envisagé l'idée de faire un *coming out*. Dans ma vie privée, c'était fait depuis longtemps. À 17 ans, lors d'un réveillon de Noël, un tantinet aviné, j'avais hurlé à toute ma famille qui j'étais et qui j'aimais !

Avant TLMEP, ma carrière se passait sur scène. Je ne voyais pas l'intérêt de dire aux gens avec qui je couchais, mais, comme fou du roi dans une émission regardée par 1,5 million de personnes et analysée comme le Super Bowl, le Dany Turcotte *low profile* s'est soudain retrouvé sous le microscope des Québécois. La première année, tout s'est assez bien passé, jusqu'à ce que je me rende compte que, lorsqu'une entrevue glissait vers la vie privée de l'invité, je me sentais muselé, mal à l'aise, incapable de poser des questions, d'être moi-même, paralysé par le secret de ma vie privée !

Un jour, sur le plateau, je confronte Benoît Dutrizac. Après tout, on a un *show* à faire, il faut de l'action ! Dans une attaque particulièrement en bas de la ceinture, il me lance : "T'as un p'tit côté *fif* quand tu te fâches. T'es là, tu te brasses, t'es toute fâché. Mon Dieu, tu fais peur !" Je suis anesthésié ! Une sueur froide me coule le long du dos : on s'est servi de ma nature pour m'attaquer !

Dutrizac m'a donné l'uppercut dont j'avais besoin pour réaliser que je ne pourrais pas être sous le "rayon X" public chaque semaine sans être moi-même, en tout temps, en tout lieu et avec n'importe qui ! Ce soir-là, ma décision fut prise ! J'ai attendu le bon moment. »

Quelques mois plus tard, nous recevions André Boisclair, futur chef du Parti québécois et ouvertement gai. Ce qui donna lieu à un échange audacieux.

DANY

– Supposons que vous étiez premier ministre. Est-ce que vous emmèneriez votre *chum* dans des sorties publiques ?

ANDRÉ BOISCLAIR

– Si c'est une proposition, on peut en discuter !

DANY

– Non, mais ma question est quand même intéressante ! Est-ce que vous emmèneriez votre *chum* dans une sortie publique comme Jean Charest avec Michou ?

ANDRÉ BOISCLAIR
– Ben oui, je le ferais.

DANY: «Je savais très bien que je m'aventurais sur un terrain qui risquait de m'amener à parler de "la chose"! André Boisclair m'invite à boire une petite verveine après l'émission, et je termine la soirée en disant que Dany Boisclair, ça sonne bien! La porte du garde-robe est grande ouverte, je sens déjà la lumière et sa chaleur libératrice!

Toute la semaine, les journalistes, salivant à l'idée d'avoir mes commentaires et ma sortie du placard en exclusivité, font sonner mon cellulaire. Je ne réponds pas, parce qu'à *Tout le monde en parle*, on aime bien les primeurs! Le jeudi suivant, en début d'émission, j'avais préparé un texte que j'avais d'abord lu à André Ducharme, pas grand sur pattes, mais très haut dans mon estime! Je me lançais. Dorénavant, le fou du roi de *Tout le monde en parle* serait officiellement un homosexuel aux yeux de tout le Québec!»

GUY
– Et voici notre fou du roi, Dany Boisclair. Salut, Dany.

DANY
– À la suite de l'entrevue avec monsieur Boisclair, plusieurs journaux m'ont téléphoné, les médias m'ont demandé de faire un *coming out*. Alors, ce soir, j'ai des petites nouvelles pour eux autres: c'est que jamais je ne dirai publiquement que je suis homosexuel. Ici, c'est pas pareil, on est en famille.

DANY: «C'est le plus beau cadeau que je me suis offert. Je me souviens du plaisir de marcher dans la rue sans ce poids sur les épaules; des gens me saluaient, des chauffeurs de taxi me klaxonnaient. J'ai réalisé à ce moment que les gens aiment la sincérité par-dessus tout.

Les personnalités publiques gaies qui s'assument sont si rares qu'on m'a remis le prix Lutte contre l'homophobie en 2009 et le prix de la tolérance Paul Gérin-Lajoie en 2012, tout simplement parce que je suis moi-même devant les téléspectateurs chaque semaine, parce que je dédramatise l'homosexualité! Mon plus grand souhait? Que plus jamais un gai ou une lesbienne ne passe sa vie à vivre celle d'un autre. Mort aux garde-robes!»

GUY: «Au fil des années, il m'est arrivé de "protéger" des invités qui ne voulaient pas se faire sortir du placard. Je considère que cette décision leur appartient. Il y a même un invité que j'ai protégé trois fois! Sa porte de garde-robe est rendue pas mal *lousse*. Mais c'est son choix et je respecte cette décision. Et si un jour, il décide de venir parler en public de ce dont plus personne ne doute, il sera le bienvenu.»

Huit ans après avoir révélé qu'il était gai, Dany avait embrassé son conjoint, Alexi-Martin Courtemanche, en ouverture d'émission, en clin d'œil à la campagne publicitaire contre l'homophobie du gouvernement du Québec.

Dany Turcotte et son conjoint, Alexi-Martin Courtemanche

DANY

– Et le beau jeune homme que j'ai embrassé n'était pas un cascadeur. C'est mon amoureux, et je voulais lui offrir des fleurs. Voilà.

Dany a peut-être offert des fleurs à son amoureux, mais il a lancé le pot aux patineurs artistiques, notamment à l'Américain Johnny Weir lors des Jeux olympiques de Vancouver en 2010.

DANY

– La semaine dernière, en ouverture d'émission, j'ai été extrê-mement malhabile en critiquant le costume des patineurs artistiques. Même si je suis gai, j'ai moi aussi du chemin à faire en ce qui a trait à l'acceptation de la différence. En fait, ma plus grande erreur a été d'avoir utilisé le mot *fif*.

Depuis ce jour, le fou du roi reçoit une amende de 100 $ chaque fois qu'il prononce le mot *fif*.

DANY: « J'ai dû faire trois dons de 100 $ à Gai Écoute, mais chaque fois, je l'ai fait volontairement, histoire de faire un don à l'organisme. Je ne me suis jamais véritablement échappé ! »

ALEXIS | COMTE

Le témoignage de ce jeune homme de 22 ans né femme nous avait littéralement jetés par terre. Son expérience de vie et sa maturité nous avaient abasourdis. Au moment de l'entrevue, Alexis avait subi une mastectomie, il avait commencé ses traitements d'hormonothérapie et subissait l'électrolyse sur un bras afin de prélever la peau qui allait servir à la construction de son pénis.

GUY

– Ton histoire n'est pas banale. Vers l'âge de trois ans, tu as su, malgré ton corps de fille, que t'étais fondamentalement un garçon. À l'époque, tu t'appelais Caroline. Comment tu savais ça, à trois ans? C'était une perception ou une certitude?

ALEXIS COMTE

– Je pense que c'était une certitude. Dans le fond, je ne savais pas ce que j'avais, je peux juste te dire que je me sentais vraiment comme un garçon. Dès que j'ai eu l'âge de prendre conscience du problème, j'ai su qu'il y avait quelque chose qui se passait qui n'était pas normal. Dès que j'ai eu l'âge, j'ai commencé à faire des prières, je priais le petit Jésus, je priais même Pinocchio, la Fée bleue! Je la priais pour qu'elle vienne me changer en petit garçon. J'allais vraiment dans les détails dans ma prière: comment je voulais être et tout ça. À mon avis, c'était vers l'âge de quatre ans. Donc, si à quatre ans, je pensais ça, c'est que c'était vraiment une certitude ancrée en moi.

Depuis son passage à l'émission, raconte le jeune homme aujourd'hui, les gens dans sa situation se sont tournés vers lui: «Ils ont vu une personne qui avait l'air normale, ils ont vu ma sérénité. Parce que moi, je voyais une fin heureuse à mon histoire. Au début, je ne savais pas que j'avais ce pouvoir-là d'aider les gens. Après l'émission, je suis allé au restaurant avec votre équipe, et Guy A. Lepage m'a dit: "Demain, c'est de toi qu'on va parler *à shop*." Et le lendemain, c'était ça! Et depuis, chaque semaine, un jeune communique avec moi via Facebook. Et moi, chaque été depuis cinq ans, j'organise un barbecue. Un *party* où on se retrouve entre gars. Je peux dire que j'ai eu un beau parcours. J'ai eu tellement d'aide. Il me reste un rêve, me marier!»

Aujourd'hui, le corps d'Alexis est celui d'un homme. Entièrement. Il vit en couple et il a une petite fille, conçue par fécondation *in vitro*. Alexis est un homme heureux.

CITATIONS

LAISSONS LE MOT DE LA FIN AUX INVITÉS…

GINETTE RENO: Faut pas oublier qu'un homme, son sexe est dehors. Nous autres, notre sexe est en dedans.

JEAN-FRANÇOIS MERCIER: Je l'oublie jamais, ça, Ginette.

PATRICK HUARD: J'ai été extrêmement surpris qu'on vienne me chercher pour faire *Les 3 p'tits cochons*, un film sur l'infidélité. Et puis, je me suis dit: « Pour un premier film... »

GUY: Un contre-emploi...

PATRICK HUARD: Exactement. Allons dans quelque chose qui est loin de moi, pour me forcer à faire de la recherche et de la lecture.

VÉRONIQUE CLOUTIER (À RBO): C'est vrai que, après *The spectacle*, *The vidéocassette*, *The musicographie*, *The documentaire* et *The DVD*, vendus en 230 000 exemplaires, on a l'impression que vous pressez *the* citron.

GUY: Je vais te nommer quelqu'un et tu vas me dire en quoi cette personne-là est meilleure que toi. Oussama Ben Laden

MARTIN MATTE: À cachette

DANY: Vous travaillez tout seul. Vous faites ça sans subvention.

NORMAND L'AMOUR: Sans subvention, et puis, ça va surprendre tout le monde, sans aucune connaissance musicale.

GUY: Non, ça nous surprend pas.

MICHÈLE RICHARD: J'ai gardé le panache [du film *La postière*, de Gilles Carle] en souvenir...

GUY: Pour de vrai?

MICHÈLE RICHARD: Oui. Il est accroché quelque part au chalet.

DANY: Le remettez-vous de temps à autre?

MICHÈLE RICHARD: Non (en riant).

GUY: On cherche, on jase, là.

GUY: Philippe Katerine, je vous cite: «On ne sait pas ce que pense une banane. C'est un fruit qui reste mystérieux. Elle se cache derrière cette peau épaisse, j'ai beaucoup de tendresse pour elle.» Vous dites aussi que la banane est votre animal préféré. J'ai pas de question.

DANY LAFERRIÈRE: Richard Martineau vit intellectuellement au-dessus de ses moyens.

GUY (À JOANN VILLENEUVE, EN PARLANT DU CD DE SON FILS JACQUES): Vous l'avez acheté, en plus?

JOANN VILLENEUVE: (*rires*) Oui.

GUY: C'est donc vous.

GUY (À CHANTAL RENAUD): Quand j'étais très jeune, vous étiez au palmarès de mes plus belles filles, avec Jinny, Colombine dans *La boîte à surprise* et Lady Pénélope, la marionnette des *Sentinelles de l'air*.

DANY: Guy est assez vieux pour avoir fantasmé en noir et blanc.

GUY (À FRANÇOISE DAVID): Y vous tape-tu sur les nerfs, des fois, Amir?

DANY: On est juste entre nous autres, là.

FRANÇOISE DAVID: Entre nous autres et une couple de millions de personnes: oui.

GUY: Le propriétaire de salles Vincent Guzzo croit que les réalisateurs québécois devraient arrêter de faire des films artistiques et *lamentards* et se soucier un peu plus de distraire le monde. Mettons que monsieur Guzzo nous regarde présentement, vous avez envie de lui répondre quoi?

XAVIER DOLAN: Hey, va chier, ostie!

DANIEL LEMIRE: Je trouve que Claude [Dubois] mérite beaucoup de respect, c'est quand même lui qui a écrit *Fadelilelou*.

GUY: Donc toi, tu fais plus juste t'étendre sur l'asphalte...

LUCE DUFAULT: Et me laisser mourir?

GUY: Et te laisser mourir.

LUCE DUFAULT: *Been there, done that.*

GUY: Comment va la santé?

PAULINE MAROIS: Elle va très bien, mais je dois dire que je suis quand même très fatiguée. Je suis très fatiguée de Jean Charest.

GUY : Complète la phrase suivante : « Animer à deux, c'est bien, mais animer tout seul, c'est... »

MARIO TESSIER : Plus payant ?

XENIA CHERNYSHOVA (MEMBRE DE FEMEN) : Nous avions d'autres slogans sur notre corps. Nous avions aussi écrit « Décrucifions le Québec » et « Patrimoine au musée ».

DANY : Ça, c'était écrit dans le dos, parce qu'on l'a jamais vu.

BOUCAR DIOUF : C'est simple. Quand les femelles construisent le nid, quand le mâle se reproduit, il sait qu'il a 90 % de chances d'avoir une descendance. Chez les orignaux, c'est pareil. Ils font un combat, les mâles sortent du bois et le plus fort s'accouple avec les femelles. Il les surveille pendant quelques jours.

GUY : Donc, c'est ses enfants, il le sait.

BOUCAR DIOUF : Ben oui, puis nous, ce gène-là n'est pas loin, je suis sûr. Si tu mettais un panache aux participants d'*Occupation double*, là, tu verrais.

LOUIS MORISSETTE : J'adore le sport, j'adore le tennis. J'suis allé à la finale de Wimbledon des hommes cette année.

EUGENIE BOUCHARD : Y a pas beaucoup de personnes qui peuvent aller voir la finale, c'est toujours complet.

LOUIS MORISSETTE : Non.

DANY : Mais c'est le mari de Véro.

DANY (À KEN PEREIRA) : Est-ce que vous prenez du vin à la FTQ ? Ça vient par pot, je pense, non ?

ANNE-KRYSTEL GOYER (UNE *PLAYMATE*) : J'ai rencontré Pamela Anderson quand elle est venue au Grand Prix de Montréal. Je suis allée à l'Opéra pour la rencontrer.

PATRICK LAGACÉ : Pamela Anderson va à l'opéra ?

ÉRICK RÉMY : Non ! C'est le club l'Opéra.

GUY: On vous appelle aussi le dernier des prophètes, prophète bien-aimé, jardinier de nos consciences, messager de l'infini, guide des guides et Sa Sainteté. Il y a personne qui vous appelle minou ou ti-prout?

RAËL: Ça arrive aussi. Mais plus dans l'intimité. Mais Raël tout seul, ça suffit.

GUY: Deux semaines avant le référendum de 1995, un sondage plaçait le «oui» en avance. Est-ce que vous avez eu peur de perdre?

JEAN CHRÉTIEN: Ben sûr.

GUY: Jean Chrétien a eu peur!

JEAN CHRÉTIEN: Ben, y a pas eu peur, mais là, y a commencé à travailler.

DANY: Il était *Minuit Chrétien* et c'était l'heure solennelle, hein?

RACHID BADOURI: Je prie Dieu. J'en parle ouvertement. Je crois en Dieu, je ne crois pas que je viens du singe. Ça, c'est ma théorie.

GUY: Toi, t'es pas darwinien.

RACHID BADOURI: Non, je ne suis pas darwinien, loin de là. Je crois en Dieu.

MICHEL BERGERON (À MICHEL FORTIER, ALORS MINISTRE CONSERVATEUR): J'en veux pas d'élections. Je veux la coupe Stanley!

PLUME LATRAVERSE: Au début, *Bobépine*, c'était assez pertinent de pousser ce cri-là à l'époque où ç'a été composé. Mais depuis le temps, j'ai poussé des cris un peu plus petits, un peu plus moyens, un peu plus raffinés, et puis voilà. Mais il y a des gens qui ne jurent que par *Bobépine*.

ANDRÉ SAUVÉ: Mais t'sais, quand un médium te trouve *weird*, tu dis : « Hé, tabarouette ! »

MICHÈLE DIONNE: Même à 15 ans, il me parlait déjà de politique.

GUY: Déjà ?

MICHÈLE DIONNE: Oui. Et moi, je me disais : « J'espère que ça va passer. »

DANY: C'est ça qu'on se dit aussi !

DANY: Dans votre couple, c'est qui, le premier ministre ?

MARIO DUMONT: J'ai jamais monté plus haut que chef de l'opposition, incluant dans mon couple.

DANY (À JEAN CHAREST): Étant donné que cette élection-là, vous nous la rentrez dans la gorge de force, vous avez pas peur que les gens fassent un X sur vous ?

DANY: Est-ce que vous auriez aimé être né 20 ans plus tard pour bénéficier des gros salaires ?

GUY LAFLEUR: Bah, on n'aurait peut-être pas gagné des coupes Stanley.

MARIE-LISE PILOTE: Je suis certaine que s'il y avait plus de filles en construction, y aurait moins de corruption. Vous êtes d'accord ? (*applaudissements*) Moins de pots-de-vin, pis si y en avait, ce serait du rosé.

REMERCIEMENTS

Merci à Caroline Jamet, pour avoir accepté ce projet; à Éric Fourlanty et à Simon L'Archevêque, pour leur travail inspiré et minutieux, ainsi qu'à toute l'équipe des Éditions La Presse.

Merci à Monic Lamoureux, d'Avanti Ciné Vidéo, pour sa lecture attentive et ses précieux conseils, ainsi qu'à Guylaine Boisjoli, pour son implication et sa disponibilité.

Merci à nos photographes, Karine Dufour, Michel Élie Tremblay et Agnieszka Stalkoper-Yockell, pour avoir partagé leurs photos avec nous.

Merci à mes proches, et surtout à Diane Laniel, ma première lectrice, pour son soutien indéfectible.

Merci à Guy A. Lepage, à Dany Turcotte et à André Ducharme, pour leur généreuse collaboration, ainsi qu'à tous ceux qui ont participé à cet ouvrage.

Dany Laferrière, merci. Vraiment.

Un merci particulier aux recherchistes de *Tout le monde en parle* (voir les deux photos ci-dessous) qui, depuis dix ans, font équipe avec moi.

Carole-Andrée Laniel

En haut: Manuelle Légaré, (Guy A. Lepage), Anaïs Mohler, (André Ducharme) et Carole-Line Nadeau. En bas: Nancy Vanasse, (Dany Turcotte), Julie Lamontagne, (Carole-Andrée Laniel et Diane Piotte).

En haut: Maryse Gagnon, Patrice Parent, Caroline Morin, Marie-Pierre Duval, Catherine Mauffette et Catherine Lalonde. En bas: Mathieu Fournier, Dominique Rhéaume, Marylène Fortier, Sébastien Cantin et Richard Z. Sirois.

CRÉDITS PHOTOS

Les photographies du livre sont de Karine Dufour à l'exception des suivantes :

P. 20   Romain Béroulle

P. 22   (Haut à droite) Romain Béroulle / (Bas à droite) Michel Élie Tremblay

P. 24   Michel Élie Tremblay

P. 48-51   Michel Élie Tremblay

P. 55   (Gauche) Jean Bernier / (Droite) John Londono

P. 61   Jan Thijs

P. 62   Michel Élie Tremblay

P. 71   Michel Élie Tremblay

P. 72   (Frédéric Beigbeder) Romain Béroulle

P. 77   Carole-Andrée Laniel

P. 78-79   Marie-France Long

P. 83   Michel Élie Tremblay

P. 86-87   Michel Élie Tremblay

P. 88   (Gauche) Michel Élie Tremblay

P. 89   (A et F) Michel Élie Tremblay

P. 96   Michel Élie Tremblay

P. 99   Michel Élie Tremblay

P. 101   Michel Élie Tremblay

P. 107   Michel Élie Tremblay

P. 109   Michel Élie Tremblay

P. 111   Michel Élie Tremblay

P. 115   (Dany Turcotte) Michel Élie Tremblay

P. 116   Michel Élie Tremblay

P. 122   (Victoria Abril) Michel Élie Tremblay / (Alice Cooper) Agnieszka Stalkoper-Yockell

P. 125   (Bas) Collection de l'auteure

P. 128   (Arielle Dombasle, Patrick Bruel et Marion Cotillard) Michel Élie Tremblay

P. 129   Michel Élie Tremblay

P. 131   (Romain Duris) Michel Élie Tremblay

P. 132-133   Michel Élie Tremblay

P. 136-137   Romain Béroulle

P. 138   (Dany Turcotte) Michel Élie Tremblay

P. 139   (Gauche) Collection de François Avard / (Droite) AFP / (Bas) Montréal en lumière / Jean-François Leblanc

P. 141   Michel Élie Tremblay

P. 146   Michel Élie Tremblay

P. 149-151   Michel Élie Tremblay

P. 155   Tania Lemieux

P. 158   GRUBB

P. 162   Michel Élie Tremblay

P. 170   Michel Élie Tremblay

P. 172   Michel Élie Tremblay

P. 176   Michel Élie Tremblay

P. 179   Agnieszka Stalkoper-Yockell

P. 182   (Bas) Carole-Andrée Laniel / (Haut) Yves Desrosiers

P. 192   Michel Élie Tremblay

P. 197-198   Michel Élie Tremblay

P. 202   Michel Élie Tremblay

P. 204   Michel Élie Tremblay

P. 205-206   Michel Élie Tremblay

P. 207   Reza Deghati

P. 211   (Haut) Michel Élie Tremblay / (Bas) Katherine Côté

P. 214   (Normand L'amour) Michel Élie Tremblay

P. 215   (Michèle Richard) Michel Élie Tremblay

P. 216   (Françoise David) Agnieszka Stalkoper-Yockell

P. 219   (Mario Dumont) Michel Élie Tremblay

P. 220   (Gauche) Collection de l'auteure

INDEX DES INVITÉS

TOUT LE MONDE EN PARLE

L'ENVERS DU DÉCOR

ON SE SOUVIENT TOUS...

- **DE LA DIGNITÉ DE JACK LAYTON ET DU COURAGE D'ISABELLE GASTON**

- **DE CLAUDE LEGAULT, HYPNOTISÉ PAR MESSMER, ET DE RAËL, DÉCOIFFÉ PAR CHAPLEAU**

- **DES CHICANES ET DES CHOUCHOUS**

- **ET PUIS DE CÉLINE, DE DEPARDIEU, DE STROMAE ET DE CENTAINES D'AUTRES INVITÉS.**

DÈS SES DÉBUTS, en 2004, *Tout le monde en parle* – TLMEP pour les intimes – a été suivie par des millions de téléspectateurs, a suscité la controverse et a déclenché les passions.

L'envers du décor célèbre cette émission riche en émotions avec des témoignages inédits d'invités marquants, plus de 200 photos et certains des moments les plus forts. L'auteure nous donne un accès unique aux coulisses de TLMEP et à ses secrets de fabrication, du choix des invités jusqu'au montage final.

Guy A. Lepage, Dany Turcotte et André Ducharme se sont amusés à y mettre leur grain de sel avec des commentaires drôles, piquants ou émouvants. À l'image de TLMEP.

CAROLE-ANDRÉE LANIEL

Carole-Andrée Laniel est rédactrice en chef de *Tout le monde en parle* depuis la première émission. Auparavant, elle a été chef-recherchiste à *Christiane Charette en direct* à la télévision de Radio-Canada et recherchiste aux émissions de radio animées par Christiane Charette, puis Marie-France Bazzo, toujours à Radio-Canada. Elle a également été chroniqueuse dans le cahier Livres de *La Presse*.

9 782897 052744

34,95 $
editionslapresse.ca

les éditions LA PRESSE